중간지원조직 위탁

정보화사업

사회복지시설

평생교육시설

청소년수련시설

문화예술시설

관광시설

체육시설

민원콜센터

폐기물처리시설

생활폐기물 수집운반

상수도시설

공공하수도시설

2025
전국 지방자치단체
폐기물처리시설 운영현황

공공관리연구원 | 한국민간위탁연구소
Korea Contracting-out Institute

2025 전국 지방자치단체　　　　　　　　　　　　　　　　2025. 09.

민·관 협업사무 운영 현황

| 폐기물 처리시설 |

한국민간위탁연구소는 정부에서 운영하는 민간위탁 공공서비스의 효율성 향상을 위해 설립된 연구기관입니다. 민간위탁은 성과지향형 공공서비스제공 공급방식의 하나로써 더 나은 정부, 더 효율적인 정부로 가기 위한 제도입니다.

세상의 모든 사물은 세상의 변화를 수용해야 합니다. 민간위탁 사무 또한 운영 목적이나 사회적 가치변화를 수용해야하기 때문에 지속적으로 변화해 왔습니다. 현행 민간위탁 사무의 유형은 공익적 성격과 사익적성격의 사무가 혼재되어 스펙트럼이 다양합니다. 시대적 흐름과 환경 변화에 맞는 민간위탁사무는 갈수록 커뮤니티거버넌스형(CG) 공공서비스 제공방식으로 변화되어 가고 있습니다.

이를 효율적으로 관리하기 위해서는 민간위탁의 본질을 이해해야 하는데, 대표적인 영문표기가 contracting out인 것처럼 구매계약 또는 외주계약으로 계약에 관한 전반적인 프로세스를 이해하고 계약관리능력이 필요한 제도라는 것을 이해해야 합니다. 민간위탁 과정은 먼저 민간위탁을 위한 추진계획을 수립한 후 지방의회의 심의를 거쳐 민간위탁 선정심의위원회의 선정과정을 통해 최종 민간위탁 사업자를 선정하게 됩니다. 이 과정에 민간위탁 업체선정을 위한 계약법검토, 조례제정 또는 개정, 적정 위탁비용 산정, 위탁 후 성과평가 결과 적용을 위한 지표개발 등 세부적이고 전문적인 연구결과를 통한 의사결정 자료가 필요하게 됩니다. 이러한 연구결과는 민간기업이 공공서비스를 제공할 때 지속적인 품질 개선을 유도함으로써 서비스경쟁력을 향상시키고, 지자체는 효율적인 예산운영을 통하여 과대 또는 과소예산으로 인한 사회적 비용을 감소시키며 재정운영의 건전성을 증대시키는 효과가 있습니다. 이와 같이 민간위탁만을 연구해온 저희 연구소는 다양한 연구를 통해 얻은 노하우를 바탕으로 좀 더 선진화된 민간위탁 의사결정 자료와 효율적인 운영방안을 제안하는 역할을 수행할 것입니다.

연구소장 배성기

주요연구분야

공공서비스디자인(Public Service Design)
민간위탁관리(Contracting Out Management)
사업타당성검토(Project Feasibility)
정부원가계산(Government Cost Accounting)
정부보조금정산(Government Grant Accounting)
공공서비스성과평가(Public Service Performance Evaluation)
사회적경제기업(Social Economy), 사회적가치평가(SROI)
조직 진단(Organizational Structure Design)
공공관리혁신(Public Management Innovation)
사회기반시설 자산관리(Infrastructure Asset Management)

연락처

전화 : 02 943 1941
팩스 : 02 943 1948
이메일 : pami@pami.re.kr
홈페이지: www.pami.re.kr

2025 전국 지방자치단체 「민·관 협업사무 운영현황」은 이렇게 발간되었습니다.

1. 조사개요

　민·관 협업은 학계와 실무계를 불문하고 사회 각계각층이 이 주제의 중요성을 인식하고 처방적 대안 마련에 관심을 쏟고 있음에도 민간위탁 케이스별 연구만이 주로 되어 왔습니다. 또한 사회적 현상을 기반으로 공공서비스의 유형을 공공서비스, 준공공서비스, 선택적 공공서비스 등으로의 구분하고 공익성의 정도에 따른 관리기법 및 예산운영 방법 등을 심도 있게 연구한 연구문헌이 부족한 상황입니다.

　민·관 협업형 공공서비스는 국민들과의 최접점에서 공급되는 공공서비스로 지속적으로 성장하는 국민들의 공공서비스 수요를 반영하고 개선하기 위해서는 다양한 주제와 분야별로 지속적인 연구가 되어야 합니다. 하지만 이러한 연구를 하기 위한 기초적 통계자료가 없다는 것은 실로 놀라운 일이 아닐 수 없습니다.

　따라서 본 조사는 전국 243개 지자체 전부를 대상으로 민·관 협업사무 현황을 분석하기 위해 지자체의 민간경상사업보조(307-02), 민간단체 법정운영비보조(307-03), 민간행사사업보조(307-04), 민간위탁금(307-05), 사회복지시설법정운영비보조(307-10), 사회복지사업보조(307-11), 민간인위탁교육비(307-12), 공기관등에 대한 경상적 위탁사업비(308-13), 공사공단 경상전출금(309-01), 민간자본사업보조 자체재원(402-01), 민간자본사업보조 이전재원(402-02), 민간위탁사업비(402-03), 공기관등에 대한 자본적 위탁사업비(403-02), 공사공단 자본전출금(404-01) 예산을 조사한 후 해당사무별 업체선정방법, 개별조례 유무, 원가산정기준, 서비스(성과)평가 유무, 수탁기업 현황 등에 대한 정보공개요청을 통해 현황을 조사하였습니다.

　본 조사를 통해 얻을 수 있었던 것은 동종의 민·관 협업사무라도 운영예산규모, 업체선정기준, 개별조례유무, 위탁비용 산정기준, 서비스(성과)평가 유무 등이 같지 않다는 것을 알 수 있었습니다. 이를 검증하기 위해서는 심도 있는 연구가 수행 되어야 하겠으나 이런 비교결과조차도 유의미하다고 생각됩니다.

　전국 지자체 민·관 협업사무 통계조사의 효용성은 첫째, 유사 민·관 협업사무의 운영예산 확인을 통한 예산운영의 적정성을 판단할 수 있는 기준자료, 둘째, 개별조례 유무 확인을 통한 제정 및 개정 용이, 셋째, 적정 비용 산정기준 확인, 넷째, 성과평가 기준 확인, 다섯째, 민간위탁기업명 확인을 통한 경쟁력 있는 기업선정 기초자료 확보 등과 같습니다.

　상기와 같은 조사를 통해 궁극적으로 얻고자 한 것은 「건전한 긴장관계 유지」입니다. 전국 민·관 협업사무 운영현황을 통해 사무의 종류와 예산의 규모, 협업 수행 기업의 종류와 유형이 공개됨으로써 민·관 협업사무를 추진하는 입장에서는 선택의 폭이 넓어질 것이고, 서비스를 받는 국민의 입장에서는 서비스기업 간 경쟁시스템이 올바르게 갖추어져, 좀 더 체계적이며, 경제적이고, 만족할 만한 공공서비스가 제공 되어질 것입니다.

현 통계 조사의 한계점은 지자체에서 민간이전(307), 자치단체등이전(308), 전출금(309), 민간자본이전(402), 자치단체자본이전(403), 공기업전출금(404) 예산으로 운영하는 사무를 총괄하여 나열하였으나 해당 사무의 예산 편성시 다른 예산항목 사업으로 편성하여 혼재되어 공개된 사무가 다수 존재합니다. 이는 향후 관리자 교육을 통해 민간위탁 사업의 정확한 이해를 기반으로 해당사무 운영 기본 조례 제·개정과 함께 해당 사무가 운영될 시에 해소가 될 것으로 판단됩니다.

본 현황분석은 한국민간위탁연구소의 열 번 째 전국단위 민·관 협업사무 운영현황 통계조사를 한 것으로서 미흡한 부분이 다소 존재합니다. 하지만 전국 민·관 협업 서비스 발전을 위한 기초 연구자료로써 중요한 역할을 할 수 있을 것을 기대합니다.
도움을 주신 전국 민·관 협업사무 담당 공무원분들께 감사드립니다.

〈주요 분야 조사결과〉

(자료요청기관수: 245개 지자체 / 단위: 백만원)

분야	2023년 기준 예산	2024년 기준 예산	2025년 기준 예산
하수도	2,148,373	2,224,146	2,418,765
상수도	-	2,552,021	2,708,947
생활폐기물 수집운반	1,956,510	2,137,423	2,638,934
폐기물처리시설	**638,846**	**1,168,608**	**1,235,285**
민원콜센터	-	69,450	75,904
체육시설	478,701	866,072	992,137
관광시설	150,187	180,118	203,502
문화예술시설	323,826	504,846	593,449
청소년수련시설	181,774	242,673	245,763
평생교육시설	-	96,335	118,617
사회복지시설	-	2,220,947	2,478,048
정보화사업	-	703,826	707,663
중간지원조직	-	397,602	502,325

2. 조사기간 : 2025년 6월 ~ 2025년 9월

3. 조사결과

〈폐기물처리시설 분야 조사결과〉

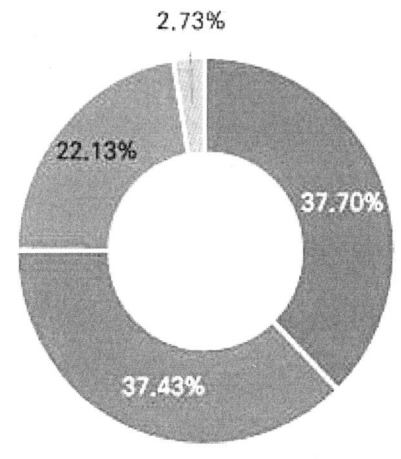

순위	문항	응답 건수(건)	백분율(%)
1	생활폐기물소각시설	138	37.70
2	재활용선별시설	137	37.43
3	음식물처리시설	81	22.13
4	기타	10	2.73

〈 2025년 폐기물처리시설 분야 시설별 분류 통계 〉

재원마련 방안

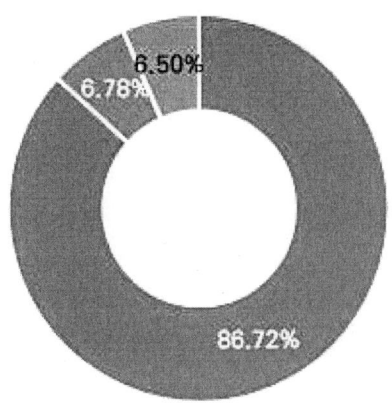

■ 재정사업 ■ 민간투자사업 (BTO) ■ 기타

순위	문항	응답 건수(건)	백분율(%)
1	재정사업	320	86.72
2	민간투자사업 (BTO)	25	6.78
3	기타	24	6.50

〈 2025년 폐기물처리시설 분야 재원마련 방안 통계 〉

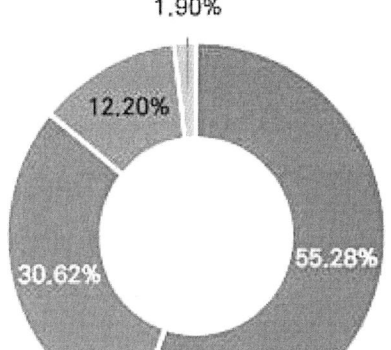

순위	문항	응답 건수(건)	백분율(%)
1	민간기업(민간위탁)	204	55.28
2	직영	113	30.62
3	공사, 공단	45	12.20
4	기타	7	1.90

〈 2025년 폐기물처리시설 분야 운영주체 통계 〉

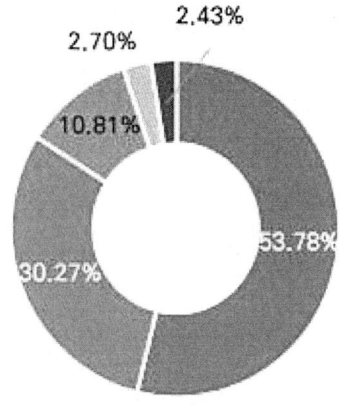

순위	문항	응답 건수(건)	백분율(%)
1	민간위탁금(307-05)	199	53.78
2	직영	112	30.27
3	공기관등에대한경상적위탁사업비(308-13)	40	10.81
4	민간위탁사업비(402-03)	10	2.70
5	기타(비목명기입)	9	2.43

〈 2025년 폐기물처리시설 분야 예산편성 비목 통계 〉

운영예산 산정 방법

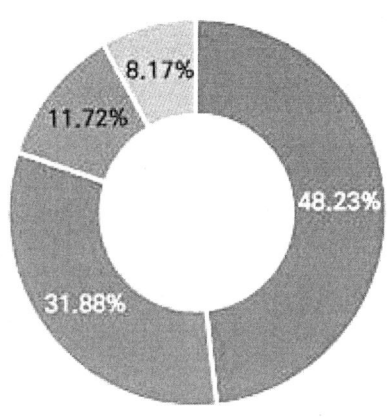

■ 전문기관에의뢰   ■ 해당없음   ■ 지자체자체산정   ■ 기타

순위	문항	응답 건수(건)	백분율(%)
1	전문기관에의뢰	177	48.23
2	해당없음	117	31.88
3	지자체자체산정	43	11.72
4	기타	30	8.17

〈 2025년 폐기물처리시설 분야 운영예산 산정 방법 통계 〉

운영 인건비 적용 단가

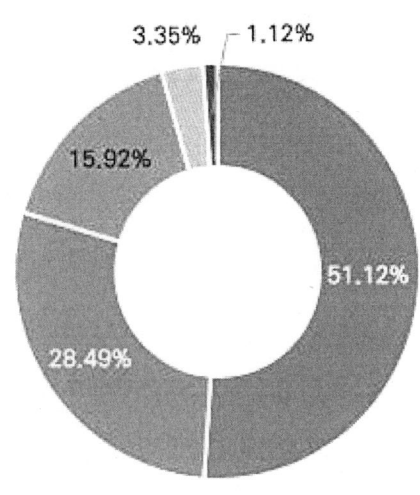

■ 기타 ■ 엔지니어링노임단가 ■ 제조노임단순노무종사원 ■ 공사노임보통인부 ■ 생활임금

순위	문항	응답 건수(건)	백분율(%)
1	기타	183	51.12
2	엔지니어링노임단가	102	28.49
3	제조노임단순노무종사원	57	15.92
4	공사노임보통인부	12	3.35
5	생활임금	4	1.12

〈 2025년 폐기물처리시설 분야 운영 인건비 적용 단가 통계 〉

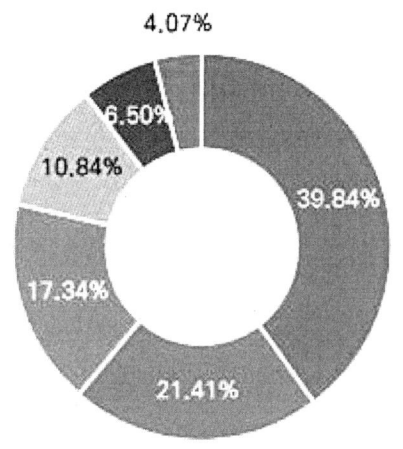

순위	문항	응답 건수(건)	백분율(%)
1	해당없음	147	39.84
2	제한경쟁	79	21.41
3	일반경쟁	64	17.34
4	수의계약	40	10.84
5	기타	24	6.50
6	법정위탁	15	4.07

〈 2025년 폐기물처리시설 분야 계약체결방법 통계 〉

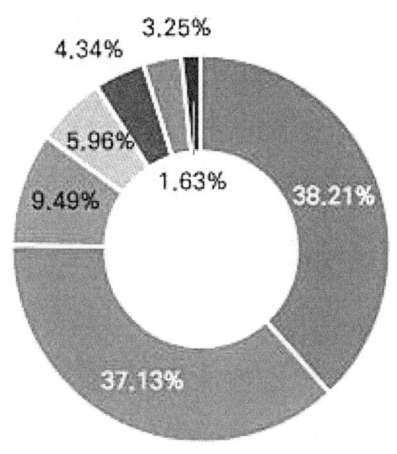

계약기간

■ 단기계약(1년 미만)　■ 3년　■ 2년　■ 기타　■ 5년　■ 1년　■ 4년

순위	문항	응답 건수(건)	백분율(%)
1	단기계약(1년 미만)	141	38.21%
2	3년	137	37.13%
3	2년	35	9.49%
4	기타	22	5.96%
5	5년	16	4.34%
6	1년	12	3.25%
7	4년	6	1.63%

〈 2025년 폐기물처리시설 분야 계약기간 통계 〉

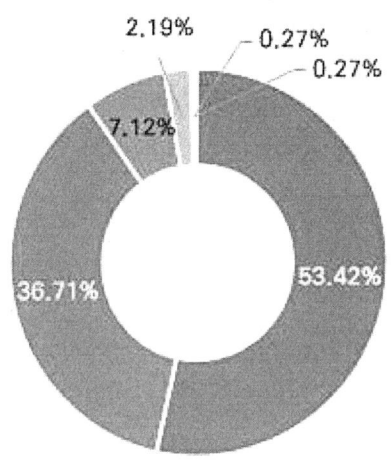

순위	문항	응답 건수(건)	백분율(%)
1	해당없음	195	53.42
2	협상에의한계약	134	36.71
3	적격심사	26	7.12
4	기타	8	2.19
5	최저가낙찰제	1	0.27
6	2단계 경쟁입찰	1	0.27

〈 2025년 폐기물처리시설 분야 낙찰자 선정방법 통계 〉

성과평가 실시여부

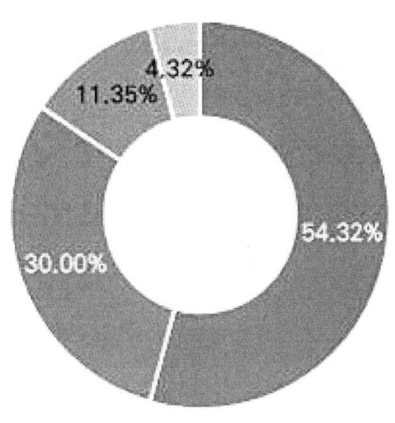

■ 향후 추진   ■ 해당없음   ■ 실시   ■ 미실시

순위	문항	응답 건수(건)	백분율(%)
1	향후 추진	201	54.32
2	해당없음	111	30.00
3	실시	42	11.35
4	미실시	16	4.32

〈 2025년 폐기물처리시설 분야 성과평가 실시여부 통계 〉

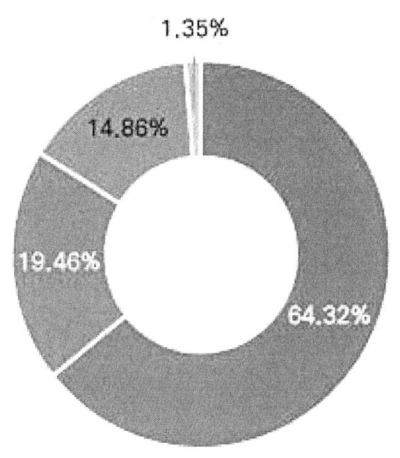

순위	문항	응답 건수(건)	백분율(%)
1	기타	238	64.32
2	계약기간만료전	72	19.46
3	격년	55	14.86
4	매년	5	1.35

〈 2025년 폐기물처리시설 분야 성과평가 주기 통계 〉

성과평가 실시방법

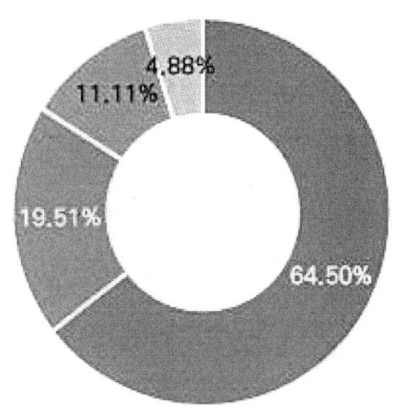

■ 기타　■ 전문위원 섭외(평가단 구성)　■ 자체 실시　■ 전문 평가기관 의뢰

순위	문항	응답 건수(건)	백분율(%)
1	기타	238	64.50
2	전문위원 섭외(평가단 구성)	72	19.51
3	자체 실시	41	11.11
4	전문 평가기관 의뢰	18	4.88

〈 2025년 폐기물처리시설 분야 성과평가 실시방법 통계 〉

인센티브 및 패널티 적용여부

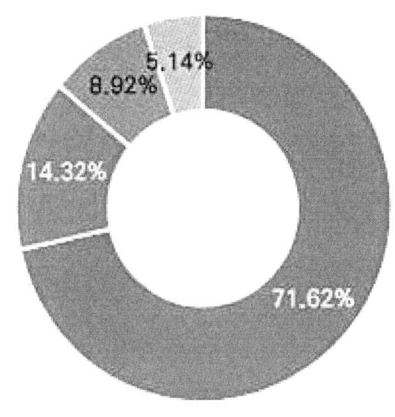

순위	문항	응답 건수(건)	백분율(%)
1	해당없음	265	71.62
2	적용 안함	53	14.32
3	매년 적용	33	8.92
4	기타	19	5.14

〈 2025년 폐기물처리시설 분야 인센티브 및 패널티 적용여부 통계 〉

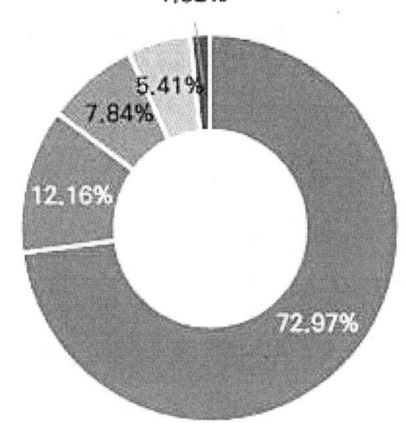

순위	문항	응답 건수(건)	백분율(%)
1	해당없음	270	72.97
2	기타	45	12.16
3	계약서	29	7.84
4	조례	20	5.41
5	지침	6	1.62

〈 2025년 폐기물처리시설 분야 인센티브 및 패널티 적용근거 통계 〉

폐기물시설별 예산 현황

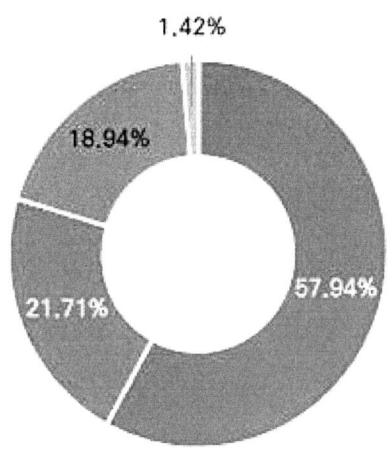

- 생활폐기물소각시설
- 재활용선별시설
- 음식물처리시설
- 기타

순위	문항	금액(천원)	백분율(%)
1	생활폐기물소각시설	705,910,087	57.94
2	재활용선별시설	264,475,707	21.71
3	음식물처리시설	230,740,361	18.94
4	기타	17,267,089	1.42

〈 2025년 폐기물처리시설 분야 폐기물 시설별 예산 현황 통계 〉

■ 민·관협업 예산비목 설명

1) 민간경상사업보조(307-02)란 민간이 행하는 사업에 대하여 자치단체가 이를 권장하기 위하여 교부하는 것으로 자본적 경비를 제외한 보조금을 말함
2) 민간단체 법정운영비보조(307-03)란 지방재정법 제17조 및 지방보조금법 제6조제2항에 따라 운영비를 지원할 수 있는 단체 등에 지원하는 경비를 말함
3) 민간행사사업보조(307-04)란 민간이 주관 또는 주최하는 행사에 대하여 자본적 경비를 제외한 보조금을 말함
4) 민간위탁금(307-05)이란 국가 또는 지방자치단체가 법령 및 조례에 의하여 민간인에게 위탁 관리시키는 사업 중 기금성격의 사업비로서 사업이 종료되거나 위탁이 폐지될 때에는 전액 국고 또는 지방비로 회수가 가능한 사업을 말함
5) 사회복지시설 법정운영비 보조(307-10)란 주민 복지를 위해 법령의 명시적 근거에 따라 사회복지시설에 대하여 운영비 지원 목적으로 편성하는 보조금을 말함
6) 사회복지사업보조(307-11)란 주민 복지를 위해 법령 또는 조례상 지원기준에 따라 의무적으로 지출하는 보조금 또는 자치단체가 권장하는 다음 각 호의 사업을 위하여 지급하는 보조금으로서 자본적 경비를 제외한 경비를 말함
7) 민간인위탁교육비(307-12)란 법령 또는 조례 등에 따라 자치단체 사무를 위해 민간인을 위탁교육할 경우 위탁기관에 지급할 위탁교육비를 말함
8) 공기관등에 대한 경상적 위탁사업비(308-13)란 광역사업 등 당해 자치단체가 시행하여야 할 자본형성적 사업 외의 경비를 공기관에 위임 또는 위탁, 대행하여 시행할 경우 부담하는 제반 경비, 지방자치단체조합(한국지역정보개발원 등)에 위탁하는 자본 형성적 사업 외 제반 경비를 말함
9) 공사·공단 경상전출금(309-01)이란 공사·공단에 대한 자본전출금을 제외한 전출금을 말함
10) 민간자본사업보조(자체재원)(402-01)이란 민간의 자본형성을 위하여 민간이 추진하는 사업을 권장할 목적으로 민간에게 자치단체 자체 재원으로 직접 지급하는 보조금을 말함
11) 민간자본사업보조(이전재원)(402-02)이란 민간의 자본형성을 위하여 민간이 추진하는 사업을 권장할 목적으로 민간에게 국비 또는 시도비를 시도 및 시군구에서 지급하는 보조금
12) 민간위탁사업비(402-03)란 자치단체가 직접 추진하여야 할 사업으로서 법령의 규정에 의하여 민간에 위임 또는 위탁, 대행시키는 사업의 사업비, 국가 또는 지방자치단체의 위임사무에 수반하는 경비로서 지방자치단체 이외의 타에 지급하는 교부금을 말함
13) 공기관등에 대한 자본적 위탁사업비(403-02)란 광역사업 등 당해 자치단체가 시행하여야 할 자본 형성적 사업을 공기관에 위임 또는 위탁, 대행하여 시행할 경우 부담하는 제반경비를 말함
14) 공사·공단자본전출금(404-01)이란 공사·공단에 대한 자본형성 또는 경제개발을 위하여 지급하는 전출금을 말함

자료출처 : 행정안전부, 2025년도 지방자치단체 예산편성 운영기준 및 기금운용계획 수립기준(2024. 7.)

목 차

4. 폐기물 처리시설 ·· 1

서울

서울특별시 ································ 1
용산구 ·· 1
성동구 ·· 1
광진구 ·· 1
중랑구 ·· 1
성북구 ·· 1
도봉구 ·· 1
은평구 ·· 1
구로구 ·· 1
금천구 ·· 1
영등포구 ···································· 1
관악구 ·· 1
송파구 ·· 1
강동구 ·· 1

부산

중구 ·· 1
서구 ·· 1
동구 ·· 1
영도구 ·· 1
부산진구 ···································· 1
동래구 ·· 1
남구 ·· 1
북구 ·· 1
해운대구 ···································· 1
사하구 ·· 1
연제구 ·· 1
수영구 ·· 1
사상구 ·· 2
기장군 ·· 2

대구

대구광역시 ································ 2
동구 ·· 2
서구 ·· 2
남구 ·· 2
북구 ·· 2
수성구 ·· 2
달서구 ·· 2
달성군 ·· 2
군위군 ·· 2

인천

미추홀구 ···································· 3
남동구 ·· 3
옹진군 ·· 3

광주

광주광역시 ································ 3
서구 ·· 3

대전

대전광역시 ································ 3

울산

남구 ·· 3
울주군 ·· 3

세종

세종특별자치시 ························ 3

목 차

경기

- 수원특례시 3
- 성남시 3
- 의정부시 3
- 안양시 3
- 부천시 3
- 광명시 3
- 안산시 3
- 고양특례시 3
- 과천시 3
- 구리시 3
- 남양주시 4
- 시흥시 4
- 군포시 4
- 의왕시 4
- 하남시 4
- 용인특례시 4
- 파주시 4
- 이천시 4
- 안성시 4
- 김포시 4
- 화성특례시 4
- 광주시 4
- 양주시 4
- 포천시 4
- 여주시 4
- 연천군 4
- 가평군 4
- 양평군 4

강원

- 춘천시 4
- 원주시 4
- 강릉시 4
- 동해시 5
- 태백시 5
- 횡성군 5
- 평창군 5
- 철원군 5
- 화천군 5
- 인제군 5
- 양양군 5

충북

- 청주시 5
- 충주시 5
- 제천시 5
- 보은군 5
- 옥천군 5
- 영동군 5
- 증평군 5
- 진천군 5
- 괴산군 6
- 음성군 6
- 단양군 6

충남

- 공주시 6
- 보령시 6
- 아산시 6
- 논산시 6
- 계룡시 6
- 금산군 6
- 부여군 6
- 서천군 6
- 홍성군 6
- 예산군 6
- 태안군 6

목 차

전북

- 군산시 ···6
- 익산시 ···6
- 정읍시 ···6
- 완주군 ···6
- 장수군 ···6
- 고창군 ···7
- 부안군 ···7

전남

- 목포시 ···7
- 여수시 ···7
- 순천시 ···7
- 나주시 ···7
- 광양시 ···7
- 곡성군 ···7
- 구례군 ···7
- 고흥군 ···7
- 보성군 ···7
- 화순군 ···7
- 장흥군 ···7
- 강진군 ···7
- 해남군 ···7
- 영암군 ···7
- 무안군 ···7
- 영광군 ···7
- 장성군 ···7
- 완도군 ···8
- 진도군 ···8
- 신안군 ···8

경북

- 포항시 ···8
- 경주시 ···8
- 김천시 ···8
- 안동시 ···8
- 구미시 ···9
- 상주시 ···9
- 문경시 ···9
- 경산시 ···9
- 의성군 ···9
- 청송군 ···9
- 영덕군 ···9
- 고령군 ···9
- 성주군 ···9
- 칠곡군 ···9
- 예천군 ···9
- 봉화군 ···9
- 울진군 ···9
- 울릉군 ···9

경남

- 창원특례시 ···9
- 진주시 ···9
- 통영시 ···9
- 사천시 ···10
- 김해시 ···10
- 밀양시 ···10
- 거제시 ···10
- 양산시 ···10
- 의령군 ···10
- 함안군 ···10
- 창녕군 ···10
- 고성군 ···10
- 남해군 ···10

목 차

하동군 …………………………………………10
산청군 …………………………………………10
함양군 …………………………………………10
거창군 …………………………………………10
합천군 …………………………………………10

제주
제주특별자치도 ………………………………10
서귀포시 ………………………………………10

2025년 폐기물처리시설 운영현황 조사

순번	시군구	시설의 종류 1. 생활폐기물 소각시설 2. 재활용선별시설 3. 음식물처리시설 4. 기타( )	시설명	시설용량 (톤/일)	재원마련 방안 1. 재정사업 2. 민간투자사업(BTO) 3. 기타( )	운영주체 1. 직영 2. 공사, 공단 3. 민간기업 (민간위탁) 4. 기타 ※ 운영사 중복 기입	운영인원 합계(명)	계약금액 (운영예산) (단위:천원/1년간) ※ 단가계약 시 톤당가 기입	예산편성 비목 1. 민간위탁금(307-05) 2. 공기관등에 대한 경상적 위탁사업비(308-13) 3. 민간위탁시설비(402-03) 4. 직영 5. 기타 (비목명 기입)	운영인력 선정 신청 방법 1. 지자체 자체 신청 2. 전문 기관에 의뢰 3. 기타( ) 4. 해당없음 ※ 직영 시 기입	운영 인건비 책정 단가 1. 엔지니어링 노임단가 2. 공사노임 보통인부 3. 제조노임 단순노무종사원 4. 생활임금 5. 기타( )	계약체결방법 (경쟁형태) 1. 일반경쟁 2. 제한경쟁 3. 지명경쟁 4. 수의계약 5. 입찰 6. 기타( ) 7. 해당없음	계약기간 1. 1년 2. 2년 3. 3년 4. 5년 5. 5년 6. 기타 ( )년 7. 해당없음	낙찰자선정방법 (수의계약 시 해당없음) 1. 적격심사 2. 협상에의한계약 3. 최저가낙찰제 4. 규격가격분리 5. 2단계 경쟁입찰 6. 기타 ( ) 7. 해당없음	성과평가 실시 여부 1. 실시 2. 미실시 3. 향후 추진 4. 해당없음	인건비와 성과평가 관련 성과평가 주기 1. 매년 2. 2년 3. 기타( ) 4. 해당없음	성과평가 실시 방법 1. 지자체 자체평가 2. 전문평가기관 의뢰 3. 기타( ) 4. 해당없음	평가결과 활용 실제 인센티브 및 페널티 적용 유무 1. 패널티 적용 2. 적용 안함 3. 기타 ( ) 4. 해당없음	인센티브 및 페널티 적용근거 1. 조례 2. 계약서 3. 지침 4. 기타 ( ) 5. 해당없음
1	서울특별시	1	강서자원회수시설	900	1	3	78	30,758,000	1	2	1	2	3	2	1	3	2	2	5
2	서울특별시	1	마포자원회수시설	750	1	3	78	27,522,000	1	2	1	2	3	2	1	3	2	2	5
3	서울특별시	1	노원자원회수시설	800	1	3	69	21,500,000	1	2	1	2	3	2	1	3	2	2	5
4	서울특별시	1	양천자원회수시설	400	1	3	66	14,900,000	1	2	1	2	3	2	1	3	2	2	5
5	서울 용산구	2	용산구 재활용선별장	60	1	3	39	1,664,930	1	2	3	2	3	2	1	3	1	2	5
6	서울 성동구	2	성동 자원회수센터	70	1	2	37	2,805,249	5	1	4	7	5	7	4	1	1	4	5
7	서울 광진구	4	다목적 공공재활용센터	200	1	1	19	4,020,000	4	5	7	7	7	7	4	1	1,2	3	5
8	서울 중랑구	2	중랑자원재활용선별센터	40	1	3	42	1,052,900	2	3	1,4	2	2	2	2	4	4	3	1
9	서울 성북구	2	성북구재활용선별센터	55	1	3	37	89,580	1	5	1	1	7	7	4	4	4	4	5
10	서울 강북구	2	강북재활용품재활용품선별처리시설	60	3	3	99	6,005,902	4	3	2	2	2	4	1	3	2	2	5
11	서울 도봉구	2	도봉구 재활용 선별장	55	3	4	25	1,236,750	1	1	6	7	7	1	1	3	1	2	5
12	서울 은평구	1	은평재활용센터	48	1	3	35	3,338,434	1	3	2	2	2	2	1	3	2	2	5
13	서울 구로구	2	구로자원순환센터	40	1	1	55	4,246,620	1	2	2	2	2	2	1	1	2	2	1
14	서울 금천구	1		-	-	3	39	5,235,616	1	2	2	2	2	1	1	1	2	1	1
15	서울 금천구	2	금천 자원순환센터	-	-	3	36	4,408,177	1	2	2	2	2	1	1	1	2	1	1
16	서울 금천구	1		-	-	3	31	3,025,944	2	2	2	2	2	1	1	1	2	1	1
17	서울 금천구	2		-	-	3	22	1,706,905	1	5	1	2	2	1	1	1	2	1	1
18	서울 금천구	2	금천자원재활용처리장	33	3	3	26	2,736,720	3	3	2	2	2	1	4	4	4	4	5
19	서울 양천구	2	양천 자원순환센터	50	3	3	40	1,608,620	1	1	2	2	2	1	4	4	4	4	4
20	서울 관악구	2	관악구 재활용선별장	60	1	3	46	5,193,500	1	3	6	6	2	1	4	4	4	4	5
21	서울 송파구	3	송파구 재활용선별장	150	1	3	58	1,390,700	4	5	6	6	7	1	4	4	4	4	4
22	서울 송파구	3	장지음식물류폐기물 자원화처리시설	515	1	3	38	7,175,410	4	5	6	7	7	2	4	4	4	4	5
23	서울 강동구	4	음식물류폐기물재활용시설	360	1	1	18	676,764	4	5	7	7	7	2	4	4	4	4	5
24	서울 금천구	2	재활용선별장	14	1	1	27	912,698	4	5	7	7	7	2	4	4	4	4	5
25	부산 서구	2	서구 에코센터	20	1	1	20	78,044	1	5	7	7	7	2	4	4	4	4	4
26	부산 동구	2	동구재활용선별장	4	1	1	14	930,997	4	5	7	7	7	2	4	4	4	4	5
27	부산 영도구	2	영도구순환센터	40	1	1	24	886,300	1	5	7	7	7	2	4	4	4	4	5
28	부산 부산진구	2	부산진구재활용사업소	25	1	1	71	247,030	4	5	7	7	7	2	4	4	4	4	5
29	부산 남구	2	재활용선별장	6	1	1	10	907,910	4	5	7	7	7	2	4	4	4	4	5
30	부산 북구	2	북구재활용선별장	18	1	1	23	49,329	4	5	7	7	7	2	4	4	4	4	4
31	부산 해운대구	2	재활용선별장	8	1	1	34	930,467	4	5	7	7	7	2	4	4	4	4	5
32	부산 해운대구	2	재활용선별장	20	1	1	56	643,548	4	5	7	7	7	2	4	4	4	4	5
33	부산 사하구	2	환경자원관리소	20	1	1	27	317,848	4	5	7	7	7	2	4	4	4	4	5
34	부산 연제구	2		8	1	1	12		4	5	7	7	7	2	4	4	4	4	5
35	부산 수영구	2	수영클린센터	10	1	1	37	1,775,575	4	5	7	7	7	2	4	4	4	4	5

순번	시도구	시설의 종류 (1.생활폐기물 소각시설 2.재활용선별시설 3.음식물처리시설 4.기타())	시설명	시설용량 (톤/일)	재활용하는 방식 (1.재위탁 2.민간투자사업(BTO) 3.기타())	운영주체 (1.직영 2.공사,공단 3.민간위탁 4.기타 *운영사 중복 기입)	운영업체 합계(개)	계약액 (운영비) (단위:천원/년간) *단가계약시 총운영단가 기입	예산편성 비목 (1.민간위탁금(307-05) 2.공기관등에 대한 경상적 위탁사업비(308-13) 3.민간위탁사업비(402-03) 4.작업 5.기타(비예정기입))	운영예산 편성 방법 (1.자체예산 신청 2.전문기관 의뢰 3.기타() 4.해당없음 *자체시 미기입)	운영 인건비 적용 단가 (1.엔지니어링 노임단가 2.공사노임 보합부 3.제조조합 단순노무종사원 4.해당없음 5.생활임금 기타())	계약체결방법 (경쟁형태) (1.일반경쟁 2.제한경쟁 3.지명경쟁 4.수의계약 5.입찰 6.기타() 7.해당없음)	계약기간 (1.1년 2.2년 3.3년 4.4년 5.5년 6.기타()년 7.해당없음)	낙찰선정방법 (수의계약시 해당없음) (1.최저입찰 2.협상에의한계약 3.최저가낙찰 4.규정가결정 5.2단계 경쟁입찰 6.기타() 7.해당없음)	성과 여부 (1.실시 2.미실시 3.향후 추진 4.해당없음)	성과평가 주기 (1.매년 2.격년 3.기타() 4.해당없음)	성과평가 실시 방법 (1.자체 자체평가 2.전문기관 의뢰 3.기타() 4.해당없음)	실제 인센티브 및 페널티 적용 유무 (1.해당 적용 2.적용 안함 3.기타() 4.해당없음)	인센티브 및 페널티 적용근거 (1.조례 2.계약서 3.지침 4.기타() 5.해당없음)
36	부산 수영구	2	환경자원처리장	5	1	1	29	1,775,575	4	4	5	7	7	7	4	4	4	4	5
37	부산 사상구	2	사상구 자원순환센터	15	1	1	81	1,889,615	4	4	5	7	7	7	4	4	4	4	5
38	부산 기장군	2	기장군 재활용선별장	8	3	2	28	1,750,376	5	1	5	5	3	7	4	4	4	4	5
39	대구광역시	1	성서소각시설	320	1	2	50	11,123,000	2	3	5	7	7	7	4	4	4	4	5
40	대구광역시	3	신천음식물류폐기물처리시설	200	1	2	6	2,881,100	2	3	5	7	7	7	4	4	4	4	5
41	대구광역시	3	상리음식물류폐기물처리시설	300	1	2	32	23,300,000	2	3	5	7	7	7	4	4	4	4	5
42	대구 동구	3	동구자원재활용센터	25	1	3	22	1,140,658	1	2	3	1	2	2	1	1	1	2	5
43	대구 서구	2	재활용품 선별장	56	1	3	11	4,819,350	1	2	2,3	2	2	2	4	4	4	3	2
44	대구 남구	2	재활용품 선별장	13	1	3	44	4,338,235	1	2	3	1	2	2	1	1	1	1	1
45	대구 북구	2	북구재활용품선별장	47	1	3	26	1,486,286	3	2	3	7	7	7	4	4	4	4	5
46	대구 수성구	2	수성구재활용품수선센터	40	1	3	28	2,133,598	2	2	4	1	2	2	4	4	4	4	5
47	대구 수성구	3	신천 음식물처리시설	200	1	2		41,500	1	4	4	7	7	7	4	4	4	4	5
48	대구 수성구	3	상리 음식물처리시설	300	1	2		41,500	1	4	4	7	7	7	4	4	4	4	5
49	대구 수성구	3	메이아바룸	96	1	3	8	945,070	1	3	3	1	2	2	4	4	4	4	5
50	대구 수성구	3	운지어바룸	60	1	3	4	1,050,000	1	3	2	1	2	2	4	4	4	4	5
51	대구 달서구	3	달서구재활용선별업체	80	3	3	13	1,023,871	3	2	2	7	7	7	4	4	4	4	5
52	대구 달서구	3	대구공공시설관리공단 신천사업소	65	3	2	13	1,326,672	3	2	2	7	7	7	2	1	2	2	2
53	대구 달서구	3	대구공공시설관리공단 신천사업소	-	3	2		41,500	3	4	5	7	7	7	2	1	2	2	2
54	대구 달서구	3	대구공공시설관리공단 상리사업소	-	3	2		41,500	3	4	5	7	7	7	2	1	2	2	2
55	대구 달서구	2	대하원예 재활용품 선별장	80	3	3	43	4,560,733	1	2	3	1	2	2	4	4	4	4	5
56	대구 달서구	2	녹색한국 재활용품 선별장	80	3	3	40	4,425,787	1	2	3	1	2	2	4	4	4	4	5
57	대구 달성군	2	달성군 재활용선별장	10	3	3	37	3,300,000	1	4	2	7	7	7	2	1	2	2	2
58	대구 군위군	2,4	군위 환경관리센터	29	1	1	12	3,354,000	4	1	5	7	7	7	4	4	4	4	5
59	인천 미추홀구	3	음식물처리시설	95	1	3	14	1,370,000	1	1	2	7	7	7	4	4	4	1	2
60	인천 미추홀구	3	음식물처리시설	164	1	3	19	1,370,000	1	1	2	7	7	7	4	4	4	1	2
61	인천 미추홀구	3	음식물처리시설	250	1	3	7	1,370,000	2	1	2	7	7	7	4	4	4	2	5
62	인천 연수구	3	남동구 음식물류폐기물 공공처리시설	150	1	3	13	4,107,400	2	4	3	2	2	2	4	4	4	4	5
63	인천 동구	1	소연별 소각시설	1	1	1	1	108,210	4	4	5	7	7	7	4	4	4	4	5
64	인천 동구	1	형 소각시설	4	1	1	2	236,355	4	4	5	7	7	7	4	4	4	4	5
65	인천 동구	1	소형 소각시설	2	1	1	1	194,341	4	4	5	7	7	7	4	4	4	4	5
66	인천 동구	1	소형 소각시설	1	1	1	1	194,341	4	4	5	7	7	7	4	4	4	4	5
67	인천 동구	1	음식물 소각시설	1	1	1	1	37,952	4	4	5	7	7	7	4	4	4	4	5
68	인천 동구	2	복합 재활용선별시설	10	1	1	32	649,200	4	4	5	7	7	7	4	4	4	4	5
69	인천 동구	2	역박 재활용선별시설	10	1	1	11	263,540	4	4	5	7	7	7	4	4	4	4	5
70	인천 동구	2	연별 재활용선별시설	12	1	1	21	65,220	4	4	5	7	7	7	4	4	4	4	5
71	인천 동구	3	연별 음식물처리시설	2	1	1	1	158,000	4	4	5	7	7	7	4	4	4	4	5
72	인천 동구	3	복합 음식물처리시설(구)	2	1	1	1	87,600	4	4	5	7	7	7	4	4	4	4	5
73	인천 동구	3	복합 음식물처리시설(신)	3	1	1	1	87,600	4	4	5	7	7	7	4	4	4	4	5

- 2 -

순번	시군구	시설의 종류 1. 생활폐기물 소각시설 2. 재활용선별시설 3. 음식물처리시설 4. 기타( )	시설명	시설용량 (톤/일)	재원조달 방법 1. 재정사업 2. 민간투자사업 (BTO) 3. 기타( )	운영주체 1. 직영 2. 공사, 공단 3. 민간기업 (민간위탁) 4. 기타 ※ 운영사 중복 기입	운영인력 합계(명)	계약금액 (운영비) (단위:천원) /1년 ※ 장기계약시 총 운영비 기입	예산편성 내역 1. 민간위탁 (207-05) 2. 공기관 등에 대한 경상적 위탁사업 (308-13) 3. 민간위탁사업비(402-03) 4. 직영 5. 기타 (세부명 기입)	운영예산 산정 방법 1. 지자체 자체 선정 2. 전문 기관에 의뢰 3. 기타 ( ) 4. 해당없음 ※ 자영시 기입	운영 인건비 적용 단가 1. 엔지니어링 노임단가 2. 공사노임 부분 3. 제조업 단순노무종사원 4. 생활임금 5. 기타 ( )	입찰방식 계약방법(경쟁방식) 1. 일반경쟁 2. 제한경쟁 3. 지명경쟁 4. 수의계약 5. 협상계약 6. 기타 ( ) 7. 해당없음	계약기간 1. 1년 2. 2년 3. 3년 4. 4년 5. 5년 6. 기타 ( )년 7. 해당없음	낙찰자선정방식 (수의계약 시 해당없음) 1. 적격심사 2. 협상에의한계약 3. 최저가낙찰제 4. 규격가격동시입찰 5. 2단계 경쟁입찰 6. 기타 ( ) 7. 해당없음	민간위탁 성과평가 관련			평가결과 적용	
															성과평가 실시 여부 1. 실시 2. 미실시 3. 향후 추진 4. 해당없음	성과평가 주기 1. 매년 2. 격년 3. 기타 4. 해당없음	성과평가 실시 방법 1. 지자체 자체평가 2. 전문평가기관 의뢰 3. 기타 ( ) 4. 해당없음	실제 인센티브 및 페널티 적용 유무 1. 해당있음 2. 적용 없음 3. 기타 ( ) 4. 해당없음	인센티브 및 페널티 적용근거 1. 조례 2. 계약서 3. 지침 4. 기타 ( ) 5. 해당없음
74	인천 옹진군	3	대청 음식물처리시설	2	1	1	1	109,000	4	4	5	7	7	7	4	4	4	4	5
75	광주광역시	3	재활용선별화시설	150	1	2	17	4,485,000	5	1	5	5	7	7	4	4	4	4	5
76	광주광역시	3	재활용선별화시설	300	1	2	27	8,409,957	5	1	5	5	7	7	4	4	4	4	5
77	광주 서구	2	자원회수센터	30	1	2	54	4,511,469	2	2	5	5	7	7	4	4	3	4	5
78	대전광역시	1	신동동 환경에너지사업소	320	1	2	49	24,103,292	2	1	5	7	7	7	1	1	3	1	2
79	대전광역시	3	대전바이오에너지센터	400	1	2	36	20,621,848	2	1	5	7	7	7	4	4	4	4	2
80	대전 대덕구	3	대덕구 음식물처리시설	40	1	3	5	58,533	1	3	5	6	6	1	4	4	4	4	5
81	대전 유성구	2	유성선별시설	26	1	3	12	326,265	1	2	1	2	3	2	1	1	2	3	3
82	세종특별자치시	1	생활폐기물종합처리시설	48	1	3	27	3,727,437	1	2	1	5	3	7	1	1	2	3	1
83	세종특별자치시	2	재활용화시설	50	1	2	28	710,986	2	2	3,4	2	3	2	1	1	2	1	1
84	수원특례시	3	음식물자원화시설	309	1	3	33	7,513,750	1	2	5	5	3	7	4	4	4	4	5
85	수원특례시	2	자원순환센터	135	1	2	45	11,960,883	2	2	1	2	3	2	1	1	2	3	1
86	수원특례시	1	수원자원회수시설	600	1	3	57	15,019,930	1	2	1	1	3	2	4	3	2	3	4
87	성남시	1	600톤 환경에너지시설	600	1	3	48	5,128,000	1	2	1	2	3	2	4	3	2	3	4
88	성남시	1	100톤 환경에너지시설	111	1	3	37	3,650,000	1	2	1	1	3	2	4	3	2	3	4
89	성남시	1	판교환경에너지시설	90	1	3	39	3,028,333	1	2	1	1	3	2	4	3	2	3	4
90	성남시	2	성남시 재활용선별장	70	1	3	17	4,478,000	1	2	1,4	1	3	1	4	3	2	3	4
91	성남시	4	대형폐기물처리장	80	1	3	54	1,378,000	1	2	1,4	1	3	2	4	3	2	3	4
92	성남시	3	성남시 음식물류폐기물 자원화시설	230	1	3	35	6,350,000	1	2	3	2	5	1	4	4	4	3	4
93	의정부시	1	생활폐기물 소각시설	200	1	3	47	8,953,544	1	2	5	2	3	1	2	4	4	4	5
94	의정부시	2	재활용선별시설	70	1	3	37	2,434,327	1	2	3	2	3	2	2	4	3	2	2
95	의정부시	3	음식물처리시설	120	1	3	17	1,745,784	3	2	5	4	3	7	4	4	4	4	5
96	안양시	1	안양시 재활용화시설	200	1	2	44	6,823,000	1	2	5	5	3	7	4	4	4	4	5
97	안양시	3	안양시 음식물류폐기물 자원화시설 180	50	1	3	44	4,332,500	3	2	1,2,3,4	2	3	2	4	4	4	4	5
98	안양시	2		180	1	3	22	3,304,243	1	2	2,3	2	5	2	4	4	4	4	5
99	부천시	1		219	1	3	53	10,507,027	1	1	5	2	3	2	4	4	4	4	4
100	부천시	2	부천시자원순환센터	240	1	3	6	1,276,051	1	1	5	2	5	2	1	4	4	4	4
101	부천시	2	부천시자원순환센터	150	1	3	46	172,884	1	1	5	2	3	2	1	4	4	4	4
102	광명시	3	광명시자원회수시설	300	1	3	49	4,619,697	1	2	3	2	5	2	4	4	4	4	4
103	광명시	2	광명시재활용품선별장	45	3	2	40	1,925,335	1	2	3	2	3	2	4	4	4	4	5
104	안산시	1	안산시 자원회수시설	200	1	3	44	4,477,918	1	2	3	2	3	1	4	4	4	2	4
105	안산시	2	재활용선별시설	200	3	3	29	2,791,052	1	2	3	2	3	2	4	4	4	2	4
106	안산시	3	음식물처리시설	93	1	3	69	7,226,000	2	2	5	4	3	7	4	4	4	2	4
107	고양특례시	3	고양시 음식물자원화시설	260	1	2	40	10,342,127	2	2	5	5	3	7	1	1	3	4	5
108	고양특례시	1		300	1	2	70	29,378,114	2	1	1	2	5	2	1	3	3	4	5
109	과천시	1,2,3	과천시자원센터	80	1	3	50	7,197,250	1	1	5	2	3	2	1	3	3	4	5
110	구리시	1	구리자원회수시설	200	1	2	53	10,225,492	1	1	2	2	3	1	1	3	2	2	5
111	구리시	2	구리 재활용 선별시설	18	1	3	28	1,590,448	1	2	2	2	3	2	1	3	3	2	5

순번	시군구	시설의 종류 (1.생활폐기물 소각시설 2.재활용선별시설 3.음식물처리시설 4.기타( ))	시설명	시설용량 (톤/일)	재원마련 방안 (1.재정사업 2.민간투자사업(BTO) 3.기타( ))	운영주체 (1.시청 2.공사,공단 3.민간업체 4.기타 ※ 종사시 업체 기입)	운영인원 합계(명)	계약금액 (원)(단위:천원) ※연간계약금액 총단가 기입	예산편성 비목 (1.민간위탁금(307-05) 2.공기관등에 대한 경상적위탁사업비(308-13) 3.민간위탁사업비(402-03) 4.시설 5.기타 (세목명 기입))	운영예산 상정 방법 (1.지자체 자체 신청 2.전문 기관에 의뢰 3.기타( ) 4.해당없음 ※자체시 미기입)	운영 인건비 적용 단가 (1.엔지니어링 노임단가 2.공사노임 보정분 3.제조노임 단순노무종사원 4.생활임금 5.기타 ( ))	계약체결방법 (경쟁형태) (1.일반경쟁 2.제한경쟁 3.지명경쟁 4.수의계약 5.사업위탁 6.기타( ) 7.해당없음)	계약기간 (1.1년 2.2년 3.3년 4.4년 5.5년 6.기타( )년 7.해당없음)	낙찰자선정방법 (수의계약시 해당없음) (1.적격심사 2.협상에의한계약 3.최저가낙찰제 4.규격가격분리 5.2단계 경쟁입찰 6.기타( ) 7.해당없음)	성과평가 실시 여부 (1.실시 2.미실시 3.향후 추진 4.해당없음)	민간위탁 성과평가 관련		실제 인센티브 및 페널티 적용 유부 (1.적용 안함 2.적용 안함 3.기타 4.해당없음)	평가결과 적용 인센티브 및 페널티 적용근거 (1.조례 2.계약서 3.지침 4.기타( ) 5.해당없음)
															성과평가 주기 (1.매년 2.격년 3.기타( ) 4.해당없음)	성과평가 실시 방법 (1.지자체 자체평가 2.전문평가기관 의뢰 3.기타( ) 4.해당없음)		
112	광주광역시	4	빛내음센터	52.31	3	3	45	4,028,214	1		1	1	3	3	3	3	4	4
113	광주광역시	3	부녀흠식물자원화시설	120	1	3	12	6,500,400	1	2	1	1	4	1	3	3	3	3
114	강원 서울시	3	서울플렌미나지센터	145	2	3	18	1,963,813	1	2	1	6	20	6	4	4	4	5
115	경기 군포시	1	군포중합관리소	200	1	2	48	8,843,256	2	3	5	7	7	2	2	4	2	5
116	경기 군포시	2	생활자원회수센터	25	1	2	39	9,047,380	1	2	3	2	3	2	1	4	2	5
117	경기 군포시	3	음식물류폐기물처리장	50	1	2	39	9,047,340	1	2	3	2	3	2	1	4	2	5
118	경기 안산시	1	소각시설	48	1	3	87	4,272,554	1	2	1	2	3	2	1	4	2	1
119	경기 안산시	2	재활용센터	50	1	3	87	2,475,382	1	1,2	3.5	2	3	2	1	4	2	1
120	경기 안산시	3	음식물류폐기물자원화시설	80	1	3	87	2,439,232	1	1,2	5	2	3	2	1	4	2	1
121	경기 용인시	1	포함환경자원센터	240	1	3	64	13,674,932	1	2	5	1	3	2	1	3	4	5
122	경기 용인시	1	용인환경센터	70	1	3	44	7,948,428	1	2	5	7	3	7	4	3	4	4
123	경기 용인시	1	재활용선별시설(소각)	99	1	2	50	5,315,522	2	3	5	2	3	3	4	4	4	4
124	경기 파주시	1	파주시환경관리센터(통합)	200	1	4	59	9,006,700	1	2	2,4	2	3	2	4	4	4	4
125	경기 파주시	1	월평환경관리센터(소각)	50	1	4	25	1,955,221	1	1	1	6	3	6	4	4	4	4
126	경기 파주시	2	월평환경관리센터(음식물)	90	1	4	45	6,885,512	1	1	1	1	3	1	1	4	1	2
127	경기 의왕시	3	광부권광역자원회수시설	60	1	4	7	1,125,580	1	1	1	1	3	5	3	1	1	1
128	경기 의왕시	3	의왕시생활폐기물자원화시설	300	1	3	51	4,033,332	1	2	3	1	3	1	4	3	2	5
129	경기 이천시	1	자원회수센터	30	1	2	25	2,487,173	1	3	5	2	2	2	1	2	3	5
130	경기 안성시	1	자원회수시설	50	1	2	6	2,682,495	2	3	5	7	2	7	1	4	2	5
131	경기 김포시	1	생활폐기물소각시설	40	1	3	6	3,110,951	1	5	2	7	2	7	4	4	4	5
132	경기 김포시	1	김포시 자원회수시설	84	1	3	20	6,067,795	2	7	5	5	2	7	4	4	4	4
133	경기 김포시	4	김포시 재활용품집	35	1	3	68	2,461,293	2	7	5	5	3	7	1	4	1	4
134	경기 김포시	3	김포시 자원회수센터	40	1	3	7	1,225,727	2	1	5	7	5	7	4	1	4	4
135	충청 화성시	3	도주시환경자원화순화시설	300	1	1	61	13,956,955	4	4	1	6	2	6	1	3	4	5
136	경기 화성시	2	빛깔세름자원화센터	46	1	1	35	3,376,000	2	2	3	1	3	2	1	3	1	5
137	경기 광주시	3	광주시음식물류폐기물처리시설	40	2	3	7	854,776	1	2	5	1	3	1	1	1	4	4
138	경기 양주시	3	양주권 자원회수시설	200	1	3	49	13,822,659	1	2	3	6	3	5	4	3	4	5
139	경기 양주시	1	양주시재활용품 선별장	20	1	2	27	1,791,866	1	2	5	5	4	2	2	2	2	5
140	경기 포천시	1	자원회수시설	80	2	3	23	6,970,000	1	1	1	7	7	7	4	4	4	5
141	경기 여주시	3	여주시음식물자원화시설	50	1	1	7	201,625	4	4	3	4	3	2	3	3	3	4
142	경기 연천군	3	자원센터	40	2,3	3	45	6,558,738	4	2	5	6	5	6	1	1	2	4
143	경기 가평군	3	가평군 생활폐기물전처리시설(음식물)	20	1	1	26	2,531,104	2	1	1	4	3	2	2	4	2	5
144	경기 가평군	4	가평군 생활폐기물전처리시설	65	1	1	26	2,531,104	2	1	1	4	3	2	2	4	2	5
145	경기 양평군	2	양평자원순환센터	10	1	1	40	6,958,527	1	2	5	7	7	7	4	1	4	5
146	강원 춘천시	1	춘천시원평경자원화시설	170	1	2	34	20,555,923	4	4	5	4	3	4	4	4	4	4
147	강원 춘천시	2	춘천시원평경자원화선별시설	60	1	1	39	10,555,923	2	4	5	4	3	7	4	4	2	5
148	강원 춘천시	3	음식물폐기물 자원화시설	50	1	3	5	1,578,694	1	1	3	3	3	2	2	4	4	5
149	강원 원주시	2	재활용선별시설	50	2	3	76	1,904,470	1	3	3	6	6	2	2	4	4	5

- 4 -

순번	시군구	시설의 종류 1.생활폐기물 2.음식물 3.재활용선별시설 3.특별처리시설 4.기타()	시설명	시설용량 (톤/일)	재원마련 방안 1.재정사업 2.민간투자사업(BTO) 3.기타()	운영주체 1.직영 2.공사, 공단 3.민간위탁 4.기타() * 운영시 중복 기입	운영인원 합계(명)	계약금액 (운영비) (단위:천원/년) * 민간계약시 총운영비 기입	예산편성 내역 1.민간위탁금 (307-05) 2.공가권에 대한 경상이(307-10) 3.위탁사업비 (308-13) 4.민간위탁사업비(402-03) 5.기타 (세목명 기입)	운영원가 산정 방법 1.지자체 자체 산정 2.전문 기관에 의뢰 3.기타() 4.해당없음 * 자체시 세부기입	운영 인건비 적용 단가 1.엔지니어링 노임단가 2.공사노임단가 보전부 3.제조노임 단순노무종사원 4.생활임금 5.기타()	계약결정법 (경쟁방식) 1.일반경쟁 2.제한경쟁 3.지명경쟁 4.수의계약 5.협상계약 6.기타() 7.해당없음	입찰방식 계약기간 1.1년 2.2년 3.3년 4.4년 5.5년 6.기타() 년 7.해당없음	입찰방식 낙찰자선정방법 (수의계약 시 해당없음) 1.적격심사 2.협상에의한계약 3.최저가낙찰 4.규격가격분리 5.2단계 경쟁입찰 6.기타() 7.해당없음	성과평가 실시 여부 1.실시 2.미실시 3.향후 추진 4.해당없음	민간위탁 성과평가 관련 성과평가 주기 1.매년 2.격년 3.기타() 4.해당없음	민간위탁 성과평가 관련 성과평가 실시 방법 1.지자체 자체평가 2.민간종평가기관 의뢰 3.기타() 4.해당없음	평가결과 적용 실제 인센티브 및 패널티 적용 유무 1.적용 적용 2.적용 안함 3.기타() 4.해당없음	평가결과 적용 인센티브 및 패널티 적용 유형 1.포상 2.계약서 3.지원 4.기타() 5.해당없음
150	강원 강릉시	1	강릉시 폐기물처리시설(소각시설)	190		3	52	6,232,000		2	1	6	2	7	3	1	1	2	5
151	강원 강릉시	2	강릉시 자원순환센터	30	3	1	30	1,000,000	4	4	5	7	7	7	4	4	4	4	5
152	강원 동해시	2	생활폐기물 전처리시설	130	1	3	20	2,099,781	1	2	1	1	3	2	4	4	4	4	4
153	강원 동해시	2	재활용품 선별시설	10	1	1	18	571,245	4	4	5	7	7	7	4	4	4	4	5
154	강원 동해시	3	음식물폐기물처리	25	3	3	5	1,270,008	1	1	1	1	1	4	4	4	4	4	4
155	강원 태백시	1	태백시 환경자원센터	50	1	3	26	1,793,550	4	2	5	2	3	4	3	4	4	4	5
156	강원 태백시	2	태백시 재활용처리시설	10	1	3	10	337,669	4	4	5	7	1	7	4	4	4	4	5
157	강원 태백시	3	태백시 음식물류폐기물처리장(소각시설)	15	1	2	2	437,496	4	4	5	7	3	7	4	4	4	4	5
158	강원 횡성군	1	횡성군 농촌폐기물(종합처리)시설(燒)	44	1	3	25	2,998,000	1	1	3	4	2	2	3	3	2	1	2
159	강원 횡성군	2	재활용품 선별시설	-		3	20	1,209,554	1	1	3	2	3	2	3	3	3	3	1
160	강원 평창군	2	평창군 자원화센터	10	1	1	19	1,160,000	4	1	5	7	7	7	4	4	4	4	5
161	강원 평창군	1	평창군 폐기물 소각시설	20	1	1	10	1,224,318	4	4	5	7	3	7	4	4	4	4	5
162	강원 평창군	3	평창군 음식물자원화시설	25	1	3	22	1,178,796	4	4	5	7	7	2	4	4	4	4	5
163	강원 평창군	3	평창군 음식물소각시설	20	1	1	2	222,371	4	4	5	7	1	7	3	3	1	1	2
164	강원 인제군	1	인제군 소각시설	40	3	3	17	1,371,304	1	1	2	2	3	2	4	4	4	4	5
165	강원 인제군	2	환경자원센터(재활용자시설)	48	1	1	17	1,965,666	1	1	5	7	7	7	4	4	4	4	5
166	강원 인제군	2	환경자원센터(재활용자시설)	10	1	3	-	1,265,805	4	4	5	7	7	8	4	4	4	4	5
167	강원 인제군	3	환경자원센터(음식물처리시설)	5	1	1	3	255,000	1	1	5	1	1	2	4	4	4	4	5
168	강원 양양군	1	양양군 폐기물 소각시설	48	1	3	28	3,721,121	1	2	5	1	7	2	2	2	2	4	5
169	강원 양양군	1	양양군 폐기물 소각시설	15	1	3	28	3,721,121	1	2	5	1	7	2	2	2	2	4	5
170	강원 양양군	3	재활용품 선별시설	8	1	3	18	859,754	1	1	4	4	3	2	2	3	3	4	5
171	충북 청주시	1	청주권 소각시설	400	2	2	50	18,752,958	2	1	4	3	7	1	1	1	1	3	1
172	충북 청주시	3	음식물류폐기물 자원화시설	170	3	3	16	4,533,730	2	2	7	3	2	3	4	4	2	4	5
173	충북 청주시	3	유기성폐기물 에너지자원시설	200	3	3	17	4,172,900	2	2	1	2	1	3	4	4	4	4	5
174	충북 청주시	2	청주시 재활용선별시설	50	1	3	39	4,340,475	1	4	7	3	2	3,4	1	4	2	4	5
175	충북 청주시	3	청주시 음식물바이오에너지센터	80	1	3	18	3,934,381	1	1	7	7	2	1	4	4	4	4	5
176	충북 제천시	2	제천시 자원관리센터(재활용선별시설)	50	1	3	22	2,388,649	4	2	4	3	7	3	2	3	3	3	1
177	충북 제천시	3	음식물 처리시설	40	1	1	14	2,388,649	4	2	4	3	7	3	2	3	3	3	1
178	충북 제천시	2	재활용품 선별시설	30	1	3	30	1,924,200	1	2	2	3	2	3	1	3	3	3	1
179	충북 보은군	1	보은군 생활폐기물자원순환센터(소각시설)	20	1	1	18	1,621,728	1	1	4	7	7	2	4	4	4	4	4
180	충북 보은군	2	보은군 생활폐기물자원순환센터(재활용선별시설)	10	1	1	16	965,506	4	4	7	7	7	1	4	4	4	4	5
181	충북 옥천군	1	옥천군 소각시설	30	1	3	19	2,202,400	2	5	7	3	2	4	4	4	4	4	4
182	충북 옥천군	2	옥천군 재활용센터	10	1	1	26	651,819	1	5	2	7	1	2	4	4	4	4	5
183	충북 영동군	2	영동군 생활폐기물 소각시설	20	1	3	21	2,684,988	1	4	1	7	7	2	1	4	4	4	5
184	충북 증평군	4	증평군 생활폐기물 소각시설	4	1	3	4	731,537	4	5	7	7	7	2	4	4	4	4	5
185	충북 진천군	1	진천군 광역소각시설	50	1	3	22	3,901,093	4	3	7	2	7	1	1	2	2	2	2
186	충북 진천군	2	진천군 광역폐기물 자원화선별시설	40	3	3	27	927,764	1	3	2	4	2	1	1	2	2	2	2
187	충북 진천군	3	진천군 음식물폐기물 공공처리시설	40	3	3	8	1,729,110	1	2	6	3	6	1	1	4	2	4	5

순번	시군구	시설의 종류 1.생활폐기물 소각시설 2.재활용선별시설 3.음식물처리시설 4.기타( )	시설명	시설용량 (톤/일)	재원마련 방안 1.재정사업 2.민간투자사업 (BTO) 3.기타( )	운영주체 1.직영 2.공사,공단 3.민간기업 4.기타 (툴봉사업,종사,기업)	운영인원 합계(명)	계약금액 (총 사업비) *단가계약 시 톤당계약가 기입	예산편성 비목 1.민간위탁금 (307-05) 2.기관운영에 대한 출연금 3.행사실비 (308-13) 4.민간위탁(자)비 (402-03) 5.기타 (비목명 기입)	운영예산 편성 산정 방법 1.지자체 자체 산정 2.전문 기관에 의뢰 3.기타( ) 4.해당없음 * 작업시 마감	운영 인건비 적용 단가 1.엔지니어링 노임단가 2.공사노임 노임단가 3.제조노임 단순노무종사원 4.생활임금 5.기타( )	계약방법 1.일반경쟁 2.제한경쟁 3.지명경쟁 4.수의계약 5.분별계약 6.기타( ) 7.해당없음	계약기간 1.1년 2.2년 3.3년 4.4년 5.5년 6.기타 (개)년 7.해당없음	낙찰자선정방법 (수의계약 시 해당없음) 1.적격심사 2.종합낙찰제약 3.최저가낙찰제 4.규정가격제 5.2단계 경쟁입찰 6.기타( ) 7.해당없음	성과평가 여부 1.실시 2.미실시 3.향후 추진 4.해당없음	인건비 성과평가 관련 성과평가 추가 1.예산 2.격년 3.기타( ) 4.해당없음	성과평가 실시 방법 1.지자체 자체평가 2.전문평가기관 의뢰 3.기타( ) 4.해당없음	평가결과 적용 실적 인센티브 및 페널티 적용 유무 1.예산 적용 2.적용 안됨 3.기타( ) 4.해당없음	인센티브 및 페널티 적용근거 1.조례 2.계약서 3.지침 4.기타( ) 5.해당없음
188	충북 괴산군	1	괴산군연료화재활용소각시설	40	1	3	26	3,417,030	1	2	1	2	3	2	2	4	4	4	5
189	충북 괴산군	2	괴산군생활자원순환센터	15	1	3	20	1,358,125	1	2	1	2	3	2	2	4	4	4	5
190	충북 괴산군	4	가축분뇨 공공처리시설	-	1	3		3,433,334	1	1	5	4	3	6	4	4	4	4	5
191	충북 단양군	1	소각시설	19	1	1	8	165,160	4	4	5	7	7	7	4	4	4	4	5
192	충북 영동군	1	생활폐기물 소각시설	50	1	3	22	3,100,000	1	2	5	1	5	2	1	1	1	1	2
193	충북 영동군	2	자원순환센터	20	1	3	20	1,206,000	1	2	3	6	4	7	2	4	4	4	5
194	충북 영동군	3	생활폐기물 소각시설	50	2	3	17	14,383	3	2	5	6	6	7	4	4	4	4	5
195	충북 영동군	2	음식물자원화공공처리시설	30	2	3	3	520,866	3	2	5	6	6	7	4	4	4	4	5
196	충북 영동군	2	공공생활폐기물시설	15	1	3	18	1,091,571	3	1	5	1	3	2	4	3	1	4	5
197	충북 아산시	1	아산시 생활폐기물 소각시설	50	1	2	41	1,664,326	2	2	5	7	7	7	4	4	4	4	5
198	충북 아산시	2	아산시 재활용품선별장	200	1	2	39	18,908,816	2	3	5	7	7	7	4	4	4	4	5
199	충북 아산시	2	아산시 생활자원화시설	50	1	2	41	160,326	2	2	5	7	7	7	4	4	4	4	5
200	충북 아산시	2	아산시 생활자원화시설	50	1	4	19	2,010,000	4	2	3	7	7	7	4	4	4	4	5
201	충북 아산시	2	재활용선별시설	10	1	1	26	95,536	1	2	1	6	6	6	4	4	4	4	5
202	충북 아산시	2	생활폐기물 소각시설	25	2	3	15	362,248	3	2	3	1	3	2	2	3	1	2	5
203	충북 증평군	1	소각시설	10	1	3	10	594,598	1	2	5	6	6	7	3	4	2	4	5
204	충북 증평군	2	증평군생활폐기물자원화시설	30	2	3	22	2,878,239	1	4	3	1	3	2	2	3	2	2	2
205	충북 증평군	2	증평군생활폐기물수거	10	1	3	11	667,333	1	4	1	7	7	7	4	4	4	4	5
206	충북 아산시	3	유기폐자원 에너지화시설	90	1	3	14	3,174,428	4	4	1	7	7	7	4	4	4	4	4
207	충북 아산시	1	생활폐기물 소각장	30	1	3	24	3,262,266	1	3	3	4	3	4	3	4	3	2	4
208	충북 아산시	2	생활폐기물 소각시설	20	1	3	24	1,411,250	1	1	5	6	6	7	4	4	4	4	5
209	충북 아산시	2	금산읍 자원화시설	30	1	3	16	4,251,000	4	2	5	6	6	6	4	4	4	4	5
210	충북 아산시	3	생활폐기물 선별시설	15	1	1	24	1,018,919	4	4	1	7	7	7	4	4	4	4	5
211	충북 아산시	1	충청군 생활폐기물 소각장	15	2	3	26	1,304,980	4	3	1	4	6	10	3	3	2	2	4
212	충북 아산시	2	아산군자원순환센터	40	1	3	27	3,771,094	1	4	3	6	6	7	4	4	4	4	5
213	충북 아산시	2	아산군생활자원센터	34	1	3	28	2,259,822	1	4	3	6	3	2	1	4	2	4	3
214	충북 아산시	1	생활폐기물자원환경센터	57	1	3	18	3,715,882	1	2	3	2	2	2	1	1	3	3	1
215	전북 아산시	2	자원순환센터	45	2	3	19	3,994,650	1	4	5	7	7	8	2	4	4	4	4
216	전북 군산시	2	재활용품 선별시설	20	1	1	6	812,582	4	1	4	7	7	9	1	1	1	1	4
217	전북 군산시	3	음식물류 자원화시설	60	1	2	38	452,503	1	3	1	4	6	10	4	4	4	4	4
218	전북 군산시	1	군산군해양자원환경시설 군산환경자원화시설	220	2	3	19	13,648,592	4	2	5	4	6	7	4	4	4	4	5
219	전북 아산시	2	음식물류자원화시설	20	2	3	48	906,846	1	2	3	2	3	2	3	3	3	3	3
220	전북 아산시	2	음식물류자원화시설	160	1	3	41	3,605,710	1	1	1	7	7	2	1	1	1	1	1
221	전북 아산시	2	동해폐이화생물순환장	96	1	1	106	170,278	4	4	3	4	6	7	4	4	4	4	4
222	전북 아산시	2	재활용자원화센터	30	1	3	38	2,124,000	4	4	5	7	7	7	4	4	4	4	4
223	전북 아산시	3	청원군 음식물폐기물 환경처리시설	50	1	3	16	2,595,000	4	4	5	7	7	7	4	4	4	4	4
224	전북 아산시	2	완주군 생활자원센터	5	1	3	16	369,869	4	4	5	7	7	7	2	4	1	4	5
225	전북 장수군	1	장수군 생활폐기물 소각시설 1호기	12	1	3	17	1,532,019	2	2	1	3	3	2	2	3	4	2	4

- 9 -

순번	시도	시군구	시설의 종류 1.생활폐기물 2.음식물류 3.음식물처리시설 4.기타( )	시설명	시설용량 (톤/일)	재원마련 방안 1.재정사업 2.민간투자사업(BTO) 3.기타( )	운영주체 1.직영 2.공사,공단 3.민간위탁 4.기타 *혼용시 중복기입	운영인력 합계(명)	계약금액 (운영비) (단위:천원/1년)	예산편성 비목 1.민간위탁금(307-05) 2.공기관등에 대한 경상적 위탁사업비(308-13) 3.민간위탁사업비(402-03) 4.직영 5.기타(세목명 기입)	운영예산 산정 선정 방법 1.지자체 자체 산정 2.전문 기관에 의뢰 3.기타( ) 4.해당없음 *직영시 미기입	운영 인건비 적용 단가 1.엔지니어링 임금단가 2.공사노임단가 3.제조노임 단순노무종사원 4.생활임금 5.기타( )	계약체결방법 (경쟁형태) 1.일반경쟁 2.제한경쟁 3.지명경쟁 4.수의계약 5.협정체결 6.기타( ) 7.해당없음	계약기간 1.1년 2.2년 3.3년 4.4년 5.5년 6.기타(년) 7.해당없음	낙찰자선정방식 (수의계약 시 해당없음) 1.적격심사 2.협상에의한계약 3.최저가낙찰제 4.규격가격분리 5.2단계 경쟁입찰 6.기타( ) 7.해당없음	성과평가 실시 여부 1.실시 2.미실시 3.향후 추진 4.해당없음	민간위탁 성과평가 관련 성과평가 주기 1.매년 2.격년 3.기타 4.해당없음	성과평가 실시 방법 1.지자체 자체평가 2.전문평가기관 의뢰 3.기타( ) 4.해당없음	평가결과 활용 실제 인센티브 및 패널티 적용 유무 1.예산 반영 2.계약 반영 3.지원 4.기타( ) 4.해당없음	인센티브 및 패널티 적용근거 1.조례 2.계약서 3.지침 4.기타( ) 5.해당없음
226	전북	장수군	1	장수군 생활폐기물 소각시설 2호기	12	1	3	12	1,286,510		2	1	4	6		2	3	1	2	4
227	전북	장수군	2	장수군 재활용품 선별시설	32	1	3	17	1,532,019	1	2	1	1	3	2	2	3		4	4
228	전북	고창군	1	음식물자원화시설	25	1	1	16	2,082,457	4	4	5	7	7	7	4	4	4	4	5
229	전북	고창군	2		20	1	1	2	722,998	4	4	5	7	7	7	4	4	4	4	5
230	전북	고창군	3	대형폐기물처리시설	2	1	1	5	333,550	4	4	5	7	7	7	4	4	4	4	5
231	전북	부안군	2	재활용품처리시설	5	1	4	17	494,070	5	2	5	7	7	7	4	4	4	4	5
232	전북	부안군	3	음식물처리시설	7	1	1,4	10	485,100	4	4	5	4	1	7	4	4	4	4	5
233	전북	목포시	3	음식물자원화시설	40	3	1	6	631,354	2	4	5	7	7	7	4	4	4	4	4
234	전남	여수시	1	여수시 도시형폐기물 종합처리시설	100	1	2	42	3,808,000	4	4	5	5	7	7	4	4	4	4	4
235	전남	여수시	2	음식물자원화시설	30	1	1	22	1,436,000	1	4	5	7	7	7	4	4	4	4	5
236	전남	여수시	3	여수시 재활용품 선별장	90	2	3	15	3,733,000	4	3	5	5	6	2	2	4	1	4	4
237	전남	순천시	1	순천시 생활폐기물처리시설	75	1	3	18	3,384,921	1	4	2	4	1	7	2	4	4	4	5
238	전남	순천시	2	자원순환센터	30	1	3	38	212,407	3	4	5	6	6	7	4	4	4	4	5
239	전남	나주시	2	나주시재활용품선별장	25	1	1	23	907,727	1	2	1	7	7	7	1	1	1	2	2
240	전남	광양시	2	재활용품선별시설	9	1	3	19	1,243,281	4	3	5	4	3	7	4	4	2	4	4
241	전남	광양시	3	음식물처리시설	50	1	1	7	1,216,275	4	2	5	7	7	7	4	4	4	4	4
242	전남	광양시	2	국성시 재활용품선별시설	4	1	3	12	330,659	4	4	5	2	2	7	4	4	4	4	5
243	전남	구례군	2	재활용품선별장	3	1	1	8	500,000	1	4	1	6	2	2	1	1	1	1	5
244	전남	고흥군	1	고흥군 도양읍 음식물폐기물 소각시설	30	1	3	21	1,746,316	4	4	5	6	5	7	4	4	4	4	4
245	전남	고흥군	3	고흥군 음식물류폐기물 자원화시설	15	1	3	19	1,466,790	1	4	5	7	4	7	4	4	4	4	5
246	전남	보성군	2	보성군 재활용품선별장	16	1	1	6	771,000	4	4	1	1	1	1	1	1	1	2	5
247	전남	화순군	2	화순 재활용품 선별장	10	2	3	22	700,000	4	4	4	7	7	7	4	4	4	4	4
248	전남	장흥군	1,2,4	그린환경센터(소각시설)	45	1	1	38	4,797,901	1	4	2	7	7	7	4	4	4	4	5
249	전남	장흥군	2	그린환경센터(재활용선별장)	8	1	1	12	1,065,000	1	4	5	7	7	7	4	4	4	4	5
250	전남	장흥군	2	민환경센터(재활용)	20	1	3	16	1,580,000	4	2	1	7	7	2	2	2	2	2	5
251	전남	해남군	2	그린환경센터(소각시설)	10	1	3	10	176,000	1	2	1	4	2	1	1	3	4	4	4
252	전남	해남군	2	환경관리센터(재활용선별장)	10	1	3	19	382,000	4	4	1	4	3	2	3	1	2	4	5
253	전남	무안군	2		25	1	3	12		4	4	5	2	2	7	4	4	4	4	5
254	전남	무안군	3	영암시 음식물류폐기물 처리시설	15	1	1	21	3,761,616	4	4	5	7	7	7	4	4	4	5	5
255	전남	함평군	4		283	1	1	5		1	4	1	7	7	7	4	4	4	4	5
256	전남	함평군	1,3	그린환경센터 소각시설	30	1	1	4	1,542,300	4	4	5	7	5	7	4	4	4	4	5
257	전남	함평군	2	그린환경센터 재활용품선별장	10	1	1	20	662,431	4	4	5	7	7	7	4	4	4	4	5
258	전남	영광군	2	영광군 생활자원회수센터	8	1	3	18	1,570,213	1	4	2	2	2	1	1	3	2	2	5
259	전남	영광군	2	영광군 환경관리센터 소각시설	20	1	3	12	670,305	4	4	4	3	2	7	3	3	2	2	5
260	전남	영광군	2	영광군 환경관리센터 재활용품선별장	10	1	3	16	1,410,439	4	4	4	3	2	7	1	1	1	2	5
261	전남	장성군	1	장성군 생활폐기물 소각시설	23	1	3	19		1	4	2	2	5	2	4	1	4	4	5
262	전남	완도군	1	완도 자원관리센터	25	2	3	12	3,378,231	3	3	1	1	6	2	4	1	1	4	2
263	전남	완도군	2	완도 자원관리센터	5	2	3	4	273,798	3	3	1	1	6	2	4	1	1	4	2

- 7 -

순번	시군구	시설의 종류 1.생활폐기물 소각시설 2.재활용선별시설 3.음식물처리시설 4.기타( )	시설명	시설용량 (톤/일)	재원마련 방안 1.재정사업 2.민간위탁사업 (BTO) 3.기타( )	운영주체 1.직영 2.공사,공단 3.민간기업 (민간위탁) 4.기타 • 혼용시 혼용 기입	운영인원 합계(명)	계약금액 (운영비) (단위:천원) /1년간 • 단가계약 시 총 단가 기입	예산편성 비목 1.민간위탁금(307-05) 2.위 탁용역 에 대한 경상적 위탁사업비(308-13) 3.민간위탁금(인비,402-03) 4.직영 5.기타 (세부항 기입)	운영예산 산정 방법 1.지자체 산정 2.전문 기관에 의뢰 3.기타( ) 4.해당없음 * 직영시 마기입	운영 인건비 책정 단가 1.엔지니어링 임금단가 2.공사노임 노임단가 3.제조노임 단순노무종사원 4.생활임금 5.기타( )	계약방법 (경쟁형태) 1.일반경쟁 2.제한경쟁 3.지명경쟁 4.수의계약 5.법령에 의한 6.기타( ) 7.해당없음	계약기간 1.1년 2.2년 3.3년 4.4년 5.5년 6.기타( )년 7.해당없음	낙찰자선정방법 (수의계약 시 해당없음) 1.적격심사 2.협상에의한계약 3.최저가낙찰제 4.규격가격분리 5.2단계 경쟁입찰 6.기타( ) 7.해당없음	성과평가 실시 여부 1.실시 2.미실시 3.향후 추진 4.해당없음	성과평가 주기 1.매년 2.격년 3.기타( ) 4.해당없음	성과평가 실시 방법 1.지자체 자체평가 2.전문평가기관 의뢰 3.기타( ) 4.해당없음	실적 인센티브 및 패널티 적용 유무 1.맥락 적용 2.적용 안함 3.기타( ) 4.해당없음	인센티브 및 패널티 적용근거 1.조례 2.계약서 3.지침 4.기타( ) 5.해당없음
264	전남 담양군	1	금월읍 농어촌생활폐기물처리시설	2	1	1	4	98,000	4	4	5	7	7	7	4	4	4	4	5
265	전남 담양군	1	노항읍 농어촌생활폐기물처리시설	3	1	1	4	146,000	4	4	5	7	7	7	4	4	4	4	5
266	전남 담양군	1	노화면도 농어촌생활폐기물처리시설	2	1	1	2	62,000	4	4	5	7	7	7	4	4	4	4	5
267	전남 담양군	1	약산면 농어촌생활폐기물처리시설	3	1	1	3	74,000	4	4	5	7	7	7	4	4	4	4	5
268	전남 담양군	1	청산면 농어촌생활폐기물처리시설	2	1	1	3	49,000	4	4	5	7	7	7	4	4	4	4	5
269	전남 담양군	1	소안면 농어촌생활폐기물처리시설	3	1	1	3	75,000	4	4	5	7	7	7	4	4	4	4	5
270	전남 담양군	1	금일읍 농어촌생활폐기물처리시설	2	1	1	3	81,000	4	4	5	7	7	7	4	4	4	4	5
271	전남 담양군	1	보길면 농어촌생활폐기물처리시설	2	1	1	3	59,000	4	4	5	7	7	7	4	4	4	4	5
272	전남 담양군	1	생일면 농어촌생활폐기물처리시설	2	1	1	3	74,000	4	4	5	7	7	7	4	4	4	4	5
273	전남 진도군	1	진도군 소각시설	30	1	3	17	1,382,711	1	2	1	2	3	2	1	2	1	1	5
274	전남 진도군	2	진도군 재활용선별시설	50	1	1	16	472,580	4	4	5	7	7	7	4	4	4	4	5
275	전남 진도군	1	조도면 소각시설	2	1	1	5	323,657	4	4	5	7	7	7	4	4	4	4	5
276	전남 진도군	1	서거차도 소각시설	0	1	1	2	73,030	4	4	5	7	7	7	4	4	4	4	5
277	전남 진도군	1	관매도 소각시설	0	1	1	2	334,720	4	4	5	7	7	7	4	4	4	4	5
278	전남 진도군	1	지움 농어촌생활폐기물처리시설	2	1	1	11	113,410	4	4	5	7	7	7	4	4	4	4	5
279	전남 진도군	1	임회 농어촌생활폐기물처리시설	1	1	1	10	101,029	4	4	5	7	7	7	4	4	4	4	5
280	전남 진도군	1	군도면 농어촌생활폐기물처리시설	2	1	1	5	116,054	4	4	5	7	7	7	4	4	4	4	5
281	전남 진도군	1	지산면 농어촌생활폐기물처리시설	1	1	1	5	50,869	4	4	5	7	7	7	4	4	4	4	5
282	전남 진도군	1	비금면 농어촌생활폐기물처리시설	2	1	1	6	113,834	4	4	5	7	7	7	4	4	4	4	5
283	전남 진도군	1	도초면 농어촌생활폐기물처리시설	2	1	1	6	45,746	4	4	5	7	7	7	4	4	4	4	5
284	전남 신안군	1	흑산면 우이도 가거도 농어촌생활폐기물처리시설	5	1	1	9	168,197	4	4	5	7	7	7	4	4	4	4	5
285	전남 신안군	1	신의면 농어촌생활폐기물처리시설	2	1	1	4	93,861	4	4	5	7	7	7	4	4	4	4	5
286	전남 신안군	1	장산면 농어촌생활폐기물처리시설	2	1	1	4	71,411	4	4	5	7	7	7	4	4	4	4	5
287	전남 신안군	1	안좌면 농어촌생활폐기물처리시설	2	1	1	4	105,124	4	4	5	7	7	7	4	4	4	4	5
288	전남 신안군	1	암태면 농어촌생활폐기물처리시설	0	1	1	4	89,424	4	4	5	7	7	7	4	4	4	4	5
289	전남 신안군	1	도초읍 농어촌생활폐기물처리시설	0	1	3	1	114,370	1	2	3	2	2	1	1	2	1	1	2
290	전남 보성군	2	재활용장	42	1	3	39	2,948,000	1	2	3	2	2	1	4	4	4	4	5
291	전남 광주시	2	광주시 자원순수관	200	1	3	50	4,278,000	1	2	3	2	3	2	4	4	4	4	5
292	전남 광주시	3	광주시 음식물자원화시설	40	1	3	33	2,952,000	1	2	3	2	3	2	4	4	4	4	5
293	전남 광주시	1	광주시 소각시설	60	1	3	9	112,500	4	4	5	7	7	7	4	4	4	4	5
294	전남 광주시	4	광주시 매립장	21	1	1	13	868,900	4	4	5	7	7	7	4	4	4	4	2
295	전남 광주시	1	광주시 소각장	48	2	3	22	4,432,889	1	2	5	6	6	1	1	2	1	4	5
296	전남 화순군	2	화순군 재활용센터	30	1	3	19	936,000	1	2	3	1	2	1	4	4	4	4	5
297	전남 화순군	2	생활폐기물수거	20	1	1	32	1,029,094	4	4	5	7	7	2	4	4	4	4	5

순번	시군구	시설의 종류 1. 생활폐기물 소각시설 2. 재활용선별시설 3. 음식물처리시설 4. 기타( )	시설명	시설용량 (톤/일)	재원마련 방안 1. 재정사업 2. 민간투자 (BTO) 3. 기타( )	운영주체 1. 직영 2. 공사, 공단 3. 민간위탁 (민간위탁) 4. 기타( ) *운영사 업체 기입	운영인원 합계 (명)	계약금 (운영비) (단위:원) (단가계약 시 톤단가기입)	예산편성 과목 1. 민간위탁금 (307-05) 2. 공기관에 대한 경상적 위탁사업비 (308-13) 3. 민간위탁사업비(402-03) 4. 직영 (세부항 기입) 5. 기타 (세부항 기입)	운영인력 산정 상정 방법 1. 지자체 자체 산정 2. 전문 기관에 의뢰 3. 기타( ) 4. 해당없음 *작성시 미기입	운영 인건비 적용 단가 1. 엔지니어링 노임단가 2. 공사노임 보통부 3. 제조업 단순노무종사원 4. 생활임금 5. 기타( )	계약방법 (경쟁성) 1. 일반경쟁 2. 제한경쟁 3. 지명경쟁 4. 수의계약 5. 민법하여 6. 기타( ) 7. 해당없음	계약기간	낙찰자선정방식 (수의계약 시 해당없음) 1. 적격심사 2. 협상에의한계약 3. 최저가낙찰제 4. 규격가격분리 5. 2단계 경쟁입찰 6. 기타( ) 7. 해당없음	성과평가 실시 여부 1. 실시 2. 미실시 3. 향후 추진 4. 해당없음	민간위탁 성과평가 관리		평가결과 적용	
																성과평가 주기 1. 매년 2. 격년 3. 기타( ) 4. 해당없음	성과평가 실시 방법 1. 지자체 자체평가 2. 전문평가기관 의뢰 3. 기타( ) 4. 해당없음	실제 인센티브 및 패널티 적용 유무 1. 매년 적용 2. 격년 적용 3. 기타( ) 4. 해당없음	인센티브 및 패널티 적용근거 1. 조례 2. 계약서 3. 지침 4. 기타( ) 5. 해당없음
302	경북 구미시	1	구미시 환경자원화시설	200		3	87												5
303	경북 구미시	2	구미시 환경자원화시설	50	1	3	87	26,000,000		2	1	1	3	2	1	3	2	2	5
304	경북 구미시	4	구미시 환경자원화시설	-	1	3	87			2	1	1	3	2	1	3	2	2	5
305	경북 구미시	3	구미시 음식물쓰레기처리시설	95	1	3	9	2,396,168	1	2	5	1	3	2	1	3	2	2	5
306	경북 상주시	3	상주시 음식물쓰레기처리시설	48	1	3	24	1,966,612	1	2	5	2	7	2	4	4	4	4	5
307	경북 상주시	2	상주시 재활용품 선별장	10	1	1	10	430,470	4	4	5	7	6	7	4	4	4	4	5
308	경북 상주시	3	상주시 음식물쓰레기처리시설	25	1	3	6	859,410	1	2	5	2	7	2	4	4	4	4	4
309	경북 문경시	1	소각시설	36	2	3	18	217,898	1	3		7	7	7	4	4	4	4	4
310	경북 경산시	1	퇴비	100	2	3	33	198,739	1	2		7	7	7	4	4	4	4	4
311	경북 경산시	2	경산시 자원회수시설	30	2	3	21	130,917	1	3	5	7	7	7	4	4	4	4	5
312	경북 경산시	1	생활폐기물 소각시설	15	1	3	17	1,440,000	1	2	5	4	2	2	4	4	4	4	2
313	경북 청도군	4	매립시설	-	1	1	4	276,000	4	4	1	7	7	7	4	4	1	4	4
314	경북 청도군	2	영천군 재활용품 선별장	10	1	1	10	954,757	1	2	5	7	3	2	1	3	4	4	4
315	경북 고령군	1	고령군 재활용품 소각시설	16	1	3	15	1,427,640	1	2	1	2	2	2	1	3	1	4	2
316	경북 고령군	2	재활용품 선별시설	5	1	3	11	587,660	1	2	3	3	2	2	3	3	4	4	4
317	경북 성주군	3	성주군 음식물쓰레기 처리시설	25	1	3	16	1,291,000	1	1	5	4	3	1	3	3	2	4	4
318	경북 성주군	1	소각시설	93	1	1	25	6,000,000	4	1	1	6	6	6	1	1	4	4	5
319	경북 예천군	2	자원화센터	50	1	1	46	3,966,025	1	4	5	7	6	7	4	4	4	4	4
320	경북 예천군	2	봉화군생활폐기물자원화센터	10	1	3	16	729,489	5	4	1	7	7	7	1	4	4	4	5
321	경북 예천군	1	장 소각장	16	1	3	15	2,212,681	1	2	2	7	7	7	4	3	2	4	5
322	경북 예천군	4	나래소각장	19	1	3	14	2,199,120	1	2	3	2	3	2	1	2	1	4	5
323	경북 예천군	3	동부권부노폐수처리시설	60	1	3	15	2,600,898	1	4	3	4	3	7	1	2	4	4	4
324	경북 예천군	2	봉화군 생활폐기물 소각시설	16	1	3	17	2,406,240	1	2	4	6	7	2	2	2	1	4	4
325	경북 예천군	3	영주시 생활폐기물 처리시설	5	1	1	14	1,996,273	1	2	5	7	3	7	4	4	4	4	5
326	경북 예천군	3	성주군 음식물쓰레기처리시설	6	1	3	5	1,486,695	4	2	1	6	6	2	2	4	4	4	4
327	경북 예천군	3	거례 지역 바이오에너지지원시설	71	1	1	63	663,762	1	2	3	2	3	2	1	2	4	4	5
328	경남 창원특례시	2	창원시 생활폐기물기계 처리중단지	200	1	3	23	8,242,984	1	2	3	2	3	2	2	3	4	2	5
329	경남 창원특례시	3	창원시 생활폐기물기계 처리중단지	54	1	3	34	4,278,202	1	4	3	3	3	7	3	4	4	4	4
330	경남 창원특례시	3	창원시 음식물쓰레기처리시설	85	1	3	10	2,060,201	1	2	3	3	3	7	2	3	4	2	4
331	경남 창원특례시	3	창원시 음식물 바이오에너지지원시설	200	1	3	14	3,455,956	1	2	3	3	3	7	1	3	4	2	4
332	경남 창원특례시	2	창원시 종합자원화센터	50	1	3	32	2,256,380	1	2	3	3	3	7	1	3	4	2	5
333	경남 창원특례시	3	진주시 음식물쓰레기 종합처리시설	110	1	3	22	3,113,596	1	2	1	2	2	2	1	2	4	4	5
334	경남 창원특례시	1	통영시 환경자원화센터	48	1	3	54	7,982,893	1	4	3	2	2	2	2	2	4	4	2
335	경남 창원특례시	2	통영시 환경자원화센터	130	1	3	54	7,982,893	1	2	2	2	2	2	1	3	4	4	2
336	경남 창원특례시	3	통영시 환경자원화센터	30	1	3	28	2,223,113	1	2	2	2	2	2	1	3	4	4	2
337	경남 창원특례시	3	통영시 환경자원화센터	40	1	3	15	1,889,229	1	2	2	2	2	2	1	1	4	4	2
338	경남 사천시	1	사천시 자원회수시설	48	2	3	18	3,441,927	4	3	5	6	6	6	4	4	4	5	5
339	경남 창원특례시	2	재활용품 선별시설	15	1	1	18	580,950	4	4	-	7	7	7	4	4	4	4	5

순번	시군구	시설물 종류 (1.생활폐기물 소각시설 2.재활용선별시설 3.음식물처리시설 4.기타( ))	시설명	시설용량 (톤/일)	재원마련 방안 (1.재정사업 2.민간투자사업(BTO) 3.기타( ))	운영주체 (1.직영 2.공사,공단 3.민간위탁 4.기타 * 효율시 해당 기입)	운영인원 합계(명)	계약금액 (운영비 단위로 환산 1년간) * 단가계약 시 총입찰가 기입	예산편성 비목 (1.민간위탁금(307-05) 2.기관운영에 대한 경상적 3.행사운영비(308-13) 4.민간위탁사업비(402-03) 5.기타 (비예산 기입))	운영예산 산정 산정 방법 (1.지자체 자체 산정 2.전문 기관에 의뢰 3.기타( ) 4.해당없음 * 직영시 미기입)	운영 인건비 적용 단가 (1.엔지니어링 노임단가 2.공사노임 보통임부 3.제조노임 단순노무종사원 4.생활임금 5.기타( ))	계약체결방법 (1.일반경쟁 2.제한경쟁 3.지명경쟁 4.수의계약 5.법정위탁 6.기타( ) 7.해당없음)	계약기간 (1.1년 2.2년 3.3년 4.4년 5.5년 6.기타( )년 7.해당없음)	낙찰자선정방법 (수의계약 시 해당없음) (1.적격심사 2.협상에의한계약 3.최저가낙찰제 4.규격가격분리 5.2단계 경쟁입찰 6.기타( ) 7.해당없음)	성과평가 실시 여부 (1.실시 2.미실시 3.향후 추진 4.해당없음)	성과평가 주기 (1.매년 2.격년 3.기타( ) 4.해당없음)	성과평가 실시 방법 (1.지자체 자체평가 2.전문평가기관 의뢰 3.기타( ) 4.해당없음)	실제 인센티브 및 페널티 적용 유무 (1.해당 없음 2.적용 안함 3.기타( ) 4.해당없음)	인센티브 및 페널티 적용근거 (1.조례 2.계약서 3.지침 4.기타( ) 5.해당없음)
340	서귀포시	3	음식물바이오가스화시설	40	1	2	7	711,503	2	3	1	4	5	7	4	4	4	4	5
341	서귀포시	1	김포시재활용센터	150	1	3	41	3,522,953	1	2	1	4	2	7	1	3	2	1	2
342	서귀포시	2	생활자원회수센터	64	1	3	37	1,442,327	1	2	3	4	2	7	1	3	2	1	2
343	서귀포시	3	음식물바이오가스화에너지시설	100	1	2	12	1,695,473	5	1	5	7	7	7	2	4	4	2	5
344	서귀포시	1	밀양시 생활폐기물 소각시설	78	1	2	31	856,898	2	3	5	7	5	7	4	4	4	4	5
345	서귀포시	2	밀양시 재활용선별장	10	1	1	18	2,270,216	4	4	5	7	7	7	1	1	1	1	3
346	서귀포시	3	음식쓰레기바이오에너지처리시설	20	1	1	2	87,151	2	1	5	7	5	7	2	4	4	2	5
347	서귀포시	1	거제시 소각장	200	1	2	45	17,028,540	2	3	5	5	5	2	4	4	4	2	5
348	서귀포시	2	재활용선별시설	50	1	3	32	1,191,528	2	3	5	5	5	2	2	4	4	2	5
349	서귀포시	3	음식물폐기물 처리시설	80	1	2	9	954,423	2	3	5	5	5	1	2	4	4	2	5
350	서귀포시	1	양산시자원회수시설	180	1	3	55	47,199,79*	1	2	1	2	3	6	4	1	3	4	5
351	서귀포시	3	양산시바이오가스화시설	130	1	3	18	2,903,20C	1	2	5	2	3	1	4	1	3	4	5
352	서귀포시	2	생활자원회수센터	24	1	1	35	2,973,93E	1	4	5	7	7	7	4	4	4	4	5
353	서귀포시	3	의령군 음식물자원화시설	10	1	1	27	516,970	3	4	5	4	3	8	4	4	4	4	5
354	서귀포시	1	민간소각자	40	1	3	28	3,319,510	2	2	5	4	3	7	2	1	4	2	5
355	서귀포시	2	재활용품선별처리장	30	1	2	19	2,370,000	2	2	5	7	7	7	4	4	4	4	5
356	서귀포시	2	고성군 재활용품 선별장	10	1	1	16	270,635	4	4	5	1	3	2	4	4	4	4	5
357	서귀포시	2	위생매립장 선별장	10	3	3	9	471,666	1	3	5	3	3	7	4	4	4	4	4
358	서귀포시	3	하나리음식물자원화시설	8	3	3	5	1,499,745	1	2	1	1	3	2	3	1	1	4	5
359	서귀포시	2	재활용선별장	60	1	3	34	3,781,741	4	4	5	5	3	7	4	4	4	4	5
360	서귀포시	3	하동군음식물류폐기물처리시설	10	1	1	25	1,179,777	4	4	7	7	7	7	4	4	4	4	5
361	서귀포시	1	제주시광역자원회수센터	15	1	1	12	991,654	4	4	5	2	2	7	4	4	4	2	5
362	서귀포시	1	공공폐기물 중간 처리시설	8	1	1	9	415,157	4	4	5	3	2	7	4	4	4	4	3
363	서귀포시	1	소각시설	-	3	3	28	3,881,127	4	3	1	2	3	2	4	4	4	4	5
364	서귀포시	1	거창군 소각자원화시설	30	1	3	19	2,443,237	1	2	2	2	3	2	1	1	1	4	5
365	서귀포시	2	재활용 선별장	2	1	3	7	242,000	5	3	7	7	3	7	4	4	4	4	5
366	제주특별자치도	1	제주광역자원순환센터 소각시설	500	1	3	60	16,111,994	1	1	4	4	3	2	1	3	2	4	5
367	제주특별자치도	2	제주광역자원순환센터	170	3	3	81	10,370,655	1	2	5	7	2	7	4	1	1	4	5
368	제주특별자치도	3	광역음식물류폐기물 자원화시설	340	1	3	37	10,695,400	1	3	5	4	3	7	3	2	3	1	3
369	제주 서귀포시	2	생활자원회수센터	30	1	3	31	3,271,000	1	2	5	4	3	2	1	3	2	2	5
370	제주 서귀포시	1	색달환경자원센터	70	1	3	44	7,200,000	1	2	5	4	3	2	1	3	2	2	5

- 10 -

배성기 (裵成基)

| 약력 |

現 공공서비스연구원 원장, 한국민간위탁연구소 소장, 한국공공서비스연구소 소장, 한국사회적가치연구소 소장, 한국지방의정연구소 소장, 단국대학교 경영학 박사, 가천대학교 회계학 석사
現 단국대학교 경영학과 외래교수
現 파주시청 민간위탁 운영심의위원, 은평구청 민간위탁 적정성운영위원
現 중랑구의회 의정자문위원, 한국의정연구회 지방의회연구소 초빙교수
現 송파구 민간위탁 운영평가위원, 사회적기업 육성 위원
現 성북구 사회적경제 육성위원, 성북민관협치 운영위원
現 국민권익위원회 부패영향평가 자문위원
現 가천대학교 사회적기업과고용관계연구소 비상임 선임연구원
現 에코아이 지속가능경영연구소 비상임 소장
現 (재)현대산업경제연구원 비상임 연구위원
前 서울시 민간위탁 원가분석 자문위원
前 단국대학교 경제학과 외래교수

| 주요 연구수행실적 |

「정부 및 지자체 등으로부터 위탁받은 사업 매뉴얼 구축 용역」
「2017년 재정사업 성과평가 용역(산림자원육성)」
「농림축산식품 정보화사업 성과관리체계 구축 연구」
「자동차전용도로 효율적 관리를 위한 직무분석 용역」
「산림문화휴양촌 관리운영 방안 수립 연구 용역」
「생활폐기물 수집·운반 및 처리시설 민간위탁 타당성 및 운영효율화 방안」
「산업단지 폐수처리시설 민간위탁 타당성 및 운영효율화 방안」
「종합사회복지관 민간위탁 타당성 및 운영효율화 방안」
「장애인복지관 민간위탁 타당성 및 운영효율화 방안」
「노인종합복지관 민간위탁 타당성 및 운영효율화 방안」
「아동·청소년시설 민간위탁 타당성 및 운영효율화 방안」
「소각장 민간위탁 타당성 및 운영효율화 방안」
「자동집하시설 민간위탁 타당성 및 운영효율화 방안」
「가로등관리 민간위탁 타당성 및 운영효율화 방안」
「공원관리 민간위탁 타당성 및 운영효율화 방안」
「문화예술·체육시설 운영관리 민간위탁 타당성 및 운영효율화 방안」 외 다수

| 주요 저술실적 |

저서 : 지방자치단체 민간위탁 운영관리메뉴얼 Ⅰ, Ⅱ, Ⅲ권, 민간위탁 원가산정, 공공관리와 성과, 민간위탁 조례 및 계약 관리 방안, 하수처리시설 민간위탁 서비스 평가, 공공하수도시설 민간위탁 서비스 경영, 생활폐기물 수집·운반 및 처리시설 민간위탁 서비스 경영 등
번역 : OECD 정부기능 및 정부서비스 민간위탁 외 4권
논문 : 민간위탁서비스 핵심운영요인이 운영성과에 미치는 영향에 관한 실증 연구(2014) 등 3개
발표 : 한국생산관리학회, 한국구매조달학회, 한국관광경영학회 등 다수

KCOMI 발간도서 소개

민간위탁 통계

KCOMI 통계
2025 전국 지방자치단체 민·관 협업사무 운영 현황 I
민간위탁금(307-05)
사회복지시설법정운영비보조(307-10)
민간인위탁교육비(307-12)
공기관등에대한경상적대행사업비(308-10)

본 도서는 전국 17개 광역자치단체를 포함한 243개 지방자치단체의 2021년 민관 협업사무 운영 현황으로서 국내에서 유일하게 전국 민관 협업사무 운영 현황을 파악할 수 있는 자료이다. 해당 시리즈는 총 3권으로 제작되었다.

배성기 지음
한국민간위탁경영구소
2025년 3월 출간

KCOMI 통계
2025 전국 지방자치단체 민·관 협업사무 운영 현황 II
민간위탁금(307-05)
사회복지시설법정운영비보조(307-10)
민간인위탁교육비(307-12)
공기관등에대한경상적대행사업비(308-10)

본 도서는 전국 17개 광역자치단체를 포함한 243개 지방자치단체의 2021년 민관 협업사무 운영 현황으로서 국내에서 유일하게 전국 민관 협업사무 운영 현황을 파악할 수 있는 자료이다. 해당 시리즈는 총 3권으로 제작되었다.

배성기 지음
한국민간위탁경영구소
2025년 3월 출간

KCOMI 통계
2025 전국 지방자치단체 민·관 협업사무 운영 현황 III
민간위탁금(307-05)
사회복지시설법정운영비보조(307-10)
민간인위탁교육비(307-12)
공기관등에대한경상적대행사업비(308-10)

본 도서는 전국 17개 광역자치단체를 포함한 243개 지방자치단체의 2021년 민관 협업사무 운영 현황으로서 국내에서 유일하게 전국 민관 협업사무 운영 현황을 파악할 수 있는 자료이다. 해당 시리즈는 총 3권으로 제작되었다.

배성기 지음
한국민간위탁경영구소
2025년 3월 출간

KCOMI 통계
2024 전국 지방자치단체 중간지원조직 위탁 운영현황
민간위탁금(307-05)
사회복지시설법정운영비보조(307-10)
민간인위탁교육비(307-12)
공기관등에대한경상적대행사업비(308-10)

본 도서는 전국 17개 광역자치단체를 포함한 243개 지방자치단체의 2021년 민관 협업사무 운영 현황으로서 국내에서 유일하게 전국 민관 협업사무 운영 현황을 파악할 수 있는 자료이다.

배성기 지음
한국민간위탁경영구소
2024년 10월 출간

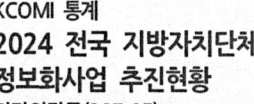

KCOMI 통계
2024 전국 지방자치단체 정보화사업 추진현황
민간위탁금(307-05)
사회복지시설법정운영비보조(307-10)
민간인위탁교육비(307-12)
공기관등에대한경상적대행사업비(308-10)

본 도서는 전국 17개 광역자치단체를 포함한 243개 지방자치단체의 2021년 민관 협업사무 운영 현황으로서 국내에서 유일하게 전국 민관 협업사무 운영 현황을 파악할 수 있는 자료이다.

배성기 지음
한국민간위탁경영구소
2024년 10월 출간

KCOMI 통계
2024 전국 지방자치단체 사회복지시설 운영현황
민간위탁금(307-05)
사회복지시설법정운영비보조(307-10)
민간인위탁교육비(307-12)
공기관등에대한경상적대행사업비(308-10)

본 도서는 전국 17개 광역자치단체를 포함한 243개 지방자치단체의 2021년 민관 협업사무 운영 현황으로서 국내에서 유일하게 전국 민관 협업사무 운영 현황을 파악할 수 있는 자료이다.

배성기 지음
한국민간위탁경영구소
2024년 10월 출간

KCOMI 통계
2024 전국 지방자치단체 평생교육시설 운영현황
민간위탁금(307-05)
사회복지시설법정운영비보조(307-10)
민간인위탁교육비(307-12)
공기관등에대한경상적대행사업비(308-10)

본 도서는 전국 17개 광역자치단체를 포함한 243개 지방자치단체의 2021년 민관 협업사무 운영 현황으로서 국내에서 유일하게 전국 민관 협업사무 운영 현황을 파악할 수 있는 자료이다.

배성기 지음
한국민간위탁경영구소
2024년 10월 출간

KCOMI 통계
2024 전국 지방자치단체 청소년수련시설 운영현황
민간위탁금(307-05)
사회복지시설법정운영비보조(307-10)
민간인위탁교육비(307-12)
공기관등에대한경상적대행사업비(308-10)

본 도서는 전국 17개 광역자치단체를 포함한 243개 지방자치단체의 2021년 민관 협업사무 운영 현황으로서 국내에서 유일하게 전국 민관 협업사무 운영 현황을 파악할 수 있는 자료이다.

배성기 지음
한국민간위탁경영구소
2024년 10월 출간

KCOMI 통계
2024 전국 지방자치단체 문화예술시설 운영현황
민간위탁금(307-05)
사회복지시설법정운영비보조(307-10)
민간인위탁교육비(307-12)
공기관등에대한경상적대행사업비(308-10)

본 도서는 전국 17개 광역자치단체를 포함한 243개 지방자치단체의 2021년 민관 협업사무 운영 현황으로서 국내에서 유일하게 전국 민관 협업사무 운영 현황을 파악할 수 있는 자료이다.

배성기 지음
한국민간위탁경영구소
2024년 10월 출간

KCOMI 통계
2024 전국 지방자치단체 관광시설 운영현황
민간위탁금(307-05)
사회복지시설법정운영비보조(307-10)
민간인위탁교육비(307-12)
공기관등에대한경상적대행사업비(308-10)

본 도서는 전국 17개 광역자치단체를 포함한 243개 지방자치단체의 2021년 민관 협업사무 운영 현황으로서 국내에서 유일하게 전국 민관 협업사무 운영 현황을 파악할 수 있는 자료이다.

배성기 지음
한국민간위탁경영구소
2024년 10월 출간

KCOMI 통계
2024 전국 지방자치단체 체육시설 운영현황
민간위탁금(307-05)
사회복지시설법정운영비보조(307-10)
민간인위탁교육비(307-12)
공기관등에대한경상적대행사업비(308-10)

본 도서는 전국 17개 광역자치단체를 포함한 243개 지방자치단체의 2021년 민관 협업사무 운영 현황으로서 국내에서 유일하게 전국 민관 협업사무 운영 현황을 파악할 수 있는 자료이다.

배성기 지음
한국민간위탁경영구소
2024년 10월 출간

KCOMI 통계
2024 전국 지방자치단체 민원콜센터 운영현황
민간위탁금(307-05)
사회복지시설법정운영비보조(307-10)
민간인위탁교육비(307-12)
공기관등에대한경상적대행사업비(308-10)

본 도서는 전국 17개 광역자치단체를 포함한 243개 지방자치단체의 2021년 민관 협업사무 운영 현황으로서 국내에서 유일하게 전국 민관 협업사무 운영 현황을 파악할 수 있는 자료이다.

배성기 지음
한국민간위탁경영구소
2024년 10월 출간

KCOMI 통계
2024 전국 지방자치단체 폐기물처리시설 운영현황
민간위탁금(307-05)
사회복지시설법정운영비보조(307-10)
민간인위탁교육비(307-12)
공기관등에대한경상적대행사업비(308-10)

본 도서는 전국 17개 광역자치단체를 포함한 243개 지방자치단체의 2021년 민관 협업사무 운영 현황으로서 국내에서 유일하게 전국 민관 협업사무 운영 현황을 파악할 수 있는 자료이다.

배성기 지음
한국민간위탁경영구소
2024년 10월 출간

KCOMI 통계
2024 전국 지방자치단체 생활폐기물 수집운반 운영현황
민간위탁금(307-05)
사회복지시설법정운영비보조(307-10)
민간인위탁교육비(307-12)
공기관등에대한경상적대행사업비(308-10)

본 도서는 전국 17개 광역자치단체를 포함한 243개 지방자치단체의 2021년 민관 협업사무 운영 현황으로서 국내에서 유일하게 전국 민관 협업사무 운영 현황을 파악할 수 있는 자료이다.

배성기 지음
한국민간위탁경영구소
2024년 10월 출간

KCOMI 통계
2024 전국 지방자치단체 상수도시설 운영현황
민간위탁금(307-05)
사회복지시설법정운영비보조(307-10)
민간인위탁교육비(307-12)
공기관등에대한경상적대행사업비(308-10)

본 도서는 전국 17개 광역자치단체를 포함한 243개 지방자치단체의 2021년 민관 협업사무 운영 현황으로서 국내에서 유일하게 전국 민관 협업사무 운영 현황을 파악할 수 있는 자료이다.

배성기 지음
한국민간위탁경영구소
2024년 10월 출간

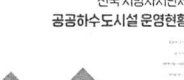

KCOMI 통계
2024 전국 지방자치단체 공공하수도시설 운영현황
민간위탁금(307-05)
사회복지시설법정운영비보조(307-10)
민간인위탁교육비(307-12)
공기관등에대한경상적대행사업비(308-10)

본 도서는 전국 17개 광역자치단체를 포함한 243개 지방자치단체의 2021년 민관 협업사무 운영 현황으로서 국내에서 유일하게 전국 민관 협업사무 운영 현황을 파악할 수 있는 자료이다.

배성기 지음
한국민간위탁경영구소
2024년 10월 출간

KCOMI 통계
2024 전국 지방자치단체 민·관 협업사무 운영 현황 I
민간위탁금(307-05)
사회복지시설법정운영비보조(307-10)
민간인위탁교육비(307-12)
공기관등에대한경상적대행사업비(308-10)

본 도서는 전국 17개 광역자치단체를 포함한 243개 지방자치단체의 2021년 민관 협업사무 운영 현황으로서 국내에서 유일하게 전국 민관 협업사무 운영 현황을 파악할 수 있는 자료이다. 해당 시리즈는 총 3권으로 제작되었다.

배성기 지음
한국민간위탁경영구소
2024년 2월 출간

KCOMI 통계
2024 전국 지방자치단체 민·관 협업사무 운영 현황 II
민간위탁금(307-05)
사회복지시설법정운영비보조(307-10)
민간인위탁교육비(307-12)
공기관등에대한경상적대행사업비(308-10)

본 도서는 전국 17개 광역자치단체를 포함한 243개 지방자치단체의 2021년 민관 협업사무 운영 현황으로서 국내에서 유일하게 전국 민관 협업사무 운영 현황을 파악할 수 있는 자료이다. 해당 시리즈는 총 3권으로 제작되었다.

배성기 지음
한국민간위탁경영구소
2024년 2월 출간

KCOMI 통계
2024 전국 지방자치단체 민·관 협업사무 운영 현황 III
민간위탁금(307-05)
사회복지시설법정운영비보조(307-10)
민간인위탁교육비(307-12)
공기관등에대한경상적대행사업비(308-10)

본 도서는 전국 17개 광역자치단체를 포함한 243개 지방자치단체의 2021년 민관 협업사무 운영 현황으로서 국내에서 유일하게 전국 민관 협업사무 운영 현황을 파악할 수 있는 자료이다. 해당 시리즈는 총 3권으로 제작되었다.

배성기 지음
한국민간위탁경영구소
2024년 2월 출간

KCOMI 통계
2024 중앙행정기관 행정사무 민간이전 운영현황
민간위탁금(307-05)
사회복지시설법정운영비보조(307-10)
민간인위탁교육비(307-12)
공기관등에대한경상적대행사업비(308-10)

본 도서는 전국 17개 광역자치단체를 포함한 243개 지방자치단체의 2021년 민관 협업사무 운영 현황으로서 국내에서 유일하게 전국 민관 협업사무 운영 현황을 파악할 수 있는 자료이다.

배성기 지음
한국민간위탁경영구소
2024년 2월 출간

KCOMI 통계
2023 전국 지방자치단체 민·관 협업사무 운영 현황 장애인 복지시설
민간위탁금(307-05)
사회복지시설법정운영비보조(307-10)
민간인위탁교육비(307-12)
공기관등에대한경상적대행사업비(308-10)

본 도서는 전국 17개 광역자치단체를 포함한 243개 지방자치단체의 2021년 민관 협업사무 운영 현황으로서 국내에서 유일하게 전국 민관 협업사무 운영 현황을 파악할 수 있는 자료이다.

배성기 지음
한국민간위탁경영구소
2023년 10월 출간

KCOMI 통계
2023 전국 지방자치단체 민·관 협업사무 운영 현황 청소년 수련시설
민간위탁금(307-05)
사회복지시설법정운영비보조(307-10)
민간인위탁교육비(307-12)
공기관등에대한경상적대행사업비(308-10)

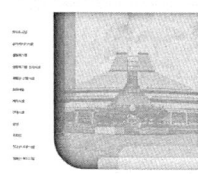

본 도서는 전국 17개 광역자치단체를 포함한 243개 지방자치단체의 2021년 민관 협업사무 운영 현황으로서 국내에서 유일하게 전국 민관 협업사무 운영 현황을 파악할 수 있는 자료이다.

배성기 지음
한국민간위탁경영구소
2023년 10월 출간

KCOMI 통계
2023 전국 지방자치단체
민·관 협업사무 운영 현황 주차장
민간위탁금(307-05)
사회복지시설법정운영비보조(307-10)
민간인위탁교육비(307-12)
공기관등에대한경상적대행사업비(308-10)

본 도서는 전국 17개 광역자치단체를 포함한 243개 지방자치단체의 2021년 민관 협업사무 운영 현황으로서 국내에서 유일하게 전국 민관 협업사무 운영 현황을 파악할 수 있는 자료이다.

배성기 지음
한국민간위탁경영구소
2023년 10월 출간

KCOMI 통계
2023 전국 지방자치단체
민·관 협업사무 운영 현황 공원
민간위탁금(307-05)
사회복지시설법정운영비보조(307-10)
민간인위탁교육비(307-12)
공기관등에대한경상적대행사업비(308-10)

본 도서는 전국 17개 광역자치단체를 포함한 243개 지방자치단체의 2021년 민관 협업사무 운영 현황으로서 국내에서 유일하게 전국 민관 협업사무 운영 현황을 파악할 수 있는 자료이다.

배성기 지음
한국민간위탁경영구소
2023년 10월 출간

KCOMI 통계
2023 전국 지방자치단체
민·관 협업사무 운영 현황 관광시설
민간위탁금(307-05)
사회복지시설법정운영비보조(307-10)
민간인위탁교육비(307-12)
공기관등에대한경상적대행사업비(308-10)

본 도서는 전국 17개 광역자치단체를 포함한 243개 지방자치단체의 2021년 민관 협업사무 운영 현황으로서 국내에서 유일하게 전국 민관 협업사무 운영 현황을 파악할 수 있는 자료이다.

배성기 지음
한국민간위탁경영구소
2023년 10월 출간

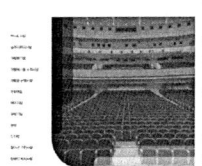

KCOMI 통계
2023 전국 지방자치단체
민·관 협업사무 운영 현황 문화예술
민간위탁금(307-05)
사회복지시설법정운영비보조(307-10)
민간인위탁교육비(307-12)
공기관등에대한경상적대행사업비(308-10)

본 도서는 전국 17개 광역자치단체를 포함한 243개 지방자치단체의 2021년 민관 협업사무 운영 현황으로서 국내에서 유일하게 전국 민관 협업사무 운영 현황을 파악할 수 있는 자료이다.

배성기 지음
한국민간위탁경영구소
2023년 10월 출간

KCOMI 통계
2023 전국 지방자치단체
민·관 협업사무 운영 현황 재활용 선별시설
민간위탁금(307-05)
사회복지시설법정운영비보조(307-10)
민간인위탁교육비(307-12)
공기관등에대한경상적대행사업비(308-10)

본 도서는 전국 17개 광역자치단체를 포함한 243개 지방자치단체의 2021년 민관 협업사무 운영 현황으로서 국내에서 유일하게 전국 민관 협업사무 운영 현황을 파악할 수 있는 자료이다.

배성기 지음
한국민간위탁경영구소
2023년 10월 출간

KCOMI 통계
2023 전국 지방자치단체
민·관 협업사무 운영 현황 생활폐기물 소각시설
민간위탁금(307-05)
사회복지시설법정운영비보조(307-10)
민간인위탁교육비(307-12)
공기관등에대한경상적대행사업비(308-10)

본 도서는 전국 17개 광역자치단체를 포함한 243개 지방자치단체의 2021년 민관 협업사무 운영 현황으로서 국내에서 유일하게 전국 민관 협업사무 운영 현황을 파악할 수 있는 자료이다.

배성기 지음
한국민간위탁경영구소
2023년 10월 출간

KCOMI 통계
2023 전국 지방자치단체 민·관 협업사무 운영 현황 생활폐기물

민간위탁금(307-05)
사회복지시설법정운영비보조(307-10)
민간인위탁교육비(307-12)
공기관등에대한경상적대행사업비(308-10)

본 도서는 전국 17개 광역자치단체를 포함한 243개 지방자치단체의 2021년 민관 협업사무 운영 현황으로서 국내에서 유일하게 전국 민관 협업사무 운영 현황을 파악할 수 있는 자료이다.

배성기 지음
한국민간위탁경영구소
2023년 10월 출간

KCOMI 통계
2023 전국 지방자치단체 민·관 협업사무 운영 현황 슬러지처리시설

민간위탁금(307-05)
사회복지시설법정운영비보조(307-10)
민간인위탁교육비(307-12)
공기관등에대한경상적대행사업비(308-10)

본 도서는 전국 17개 광역자치단체를 포함한 243개 지방자치단체의 2021년 민관 협업사무 운영 현황으로서 국내에서 유일하게 전국 민관 협업사무 운영 현황을 파악할 수 있는 자료이다.

배성기 지음
한국민간위탁경영구소
2023년 10월 출간

KCOMI 통계
2023 전국 지방자치단체 민·관 협업사무 운영 현황 하수도시설

민간경상사업보조(307-02)
민간단체법정운영비보조(307-03)
민간행사사업보조(307-04)

본 도서는 전국 17개 광역자치단체를 포함한 243개 지방자치단체의 2021년 민관 협업사무 운영 현황으로서 국내에서 유일하게 전국 민관 협업사무 운영 현황을 파악할 수 있는 자료이다.

배성기 지음
한국민간위탁경영구소
2023년 10월 출간

KCOMI 통계
2023 전국 지방자치단체 민·관 협업사무 운영 현황 통합본

민간위탁금(307-05)
사회복지시설법정운영비보조(307-10)
민간인위탁교육비(307-12)
공기관등에대한경상적대행사업비(308-10)

본 도서는 전국 17개 광역자치단체를 포함한 243개 지방자치단체의 2021년 민관 협업사무 운영 현황으로서 국내에서 유일하게 전국 민관 협업사무 운영 현황을 파악할 수 있는 자료이다.

배성기 지음
한국민간위탁경영구소
2023년 10월 출간

KCOMI 통계
2023 중앙행정기관 행정사무 민간이전 운영현황

민간경상사업보조(307-02)
민간단체법정운영비보조(307-03)
민간행사사업보조(307-04)

본 도서는 전국 17개 광역자치단체를 포함한 243개 지방자치단체의 2021년 민관 협업사무 운영 현황으로서 국내에서 유일하게 전국 민관 협업사무 운영 현황을 파악할 수 있는 자료이다.

배성기 지음
한국민간위탁경영구소
2023년 2월 출간

KCOMI 통계
2023 공공기관 민간위탁 운영 현황

민간위탁금(307-05)
사회복지시설법정운영비보조(307-10)
민간인위탁교육비(307-12)
공기관등에대한경상적대행사업비(308-10)

본 도서는 전국 17개 광역자치단체를 포함한 243개 지방자치단체의 2021년 민관 협업사무 운영 현황으로서 국내에서 유일하게 전국 민관 협업사무 운영 현황을 파악할 수 있는 자료이다.

배성기 지음
한국민간위탁경영구소
2023년 2월 출간

KCOMI 통계
2023 전국 지방자치단체 민·관 협업사무 운영 현황 I
민간경상사업보조(307-02)
민간단체법정운영비보조(307-03)
민간행사사업보조(307-04)

본 도서는 전국 17개 광역자치단체를 포함한 243개 지방자치단체의 2021년 민관 협업사무 운영 현황으로서 국내에서 유일하게 전국 민관 협업사무 운영 현황을 파악할 수 있는 자료이다. 해당 시리즈는 총 3권으로 제작되었다.

배성기 지음
한국민간위탁경영구소
2023년 2월 출간

KCOMI 통계
2023 전국 지방자치단체 민·관 협업사무 운영 현황 II
민간위탁금(307-05)
사회복지시설법정운영비보조(307-10)
민간인위탁교육비(307-12)
공기관등에대한경상적대행사업비(308-10)

본 도서는 전국 17개 광역자치단체를 포함한 243개 지방자치단체의 2021년 민관 협업사무 운영 현황으로서 국내에서 유일하게 전국 민관 협업사무 운영 현황을 파악할 수 있는 자료이다. 해당 시리즈는 총 3권으로 제작되었다.

배성기 지음
한국민간위탁경영구소
2023년 2월 출간

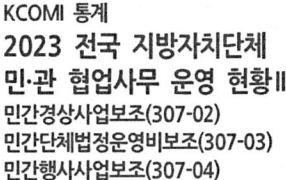

KCOMI 통계
2023 전국 지방자치단체 민·관 협업사무 운영 현황 III
민간경상사업보조(307-02)
민간단체법정운영비보조(307-03)
민간행사사업보조(307-04)

본 도서는 전국 17개 광역자치단체를 포함한 243개 지방자치단체의 2021년 민관 협업사무 운영 현황으로서 국내에서 유일하게 전국 민관 협업사무 운영 현황을 파악할 수 있는 자료이다. 해당 시리즈는 총 3권으로 제작되었다.

배성기 지음
한국민간위탁경영구소
2023년 2월 출간

KCOMI 통계 - Ebook
2023 전국 지방자치단체 민간위탁 운영현황
민간위탁금(307-05)
사회복지시설법정운영비보조(307-10)
민간인위탁교육비(307-12)
공기관등에대한경상적대행사업비(308-10)

본 도서는 전국 17개 광역자치단체를 포함한 243개 지방자치단체의 민간위탁금(307-06) 예산 운영 현황으로서, 예산 및 해당사무별 업체선정방법, 개별조례 유무, 원가산정기준, 서비스(성과)평가 유무 등을 파악할 수 있는 자료이다.

배성기 지음
한국민간위탁경영구소
2023년 2월 출간

KCOMI 통계
2022 전국 지방자치단체 민·관 협업사무 운영 현황 I
민간경상사업보조(307-02)
민간단체법정운영비보조(307-03)
민간행사사업보조(307-04)

본 도서는 전국 17개 광역자치단체를 포함한 243개 지방자치단체의 2021년 민관 협업사무 운영 현황으로서 국내에서 유일하게 전국 민관 협업사무 운영 현황을 파악할 수 있는 자료이다. 해당 시리즈는 총 3권으로 제작되었다.

배성기 지음
한국민간위탁경영구소
2022년 3월 출간

KCOMI 통계
2022 전국 지방자치단체 민·관 협업사무 운영 현황 II
민간위탁금(307-05)
사회복지시설법정운영비보조(307-10)
민간인위탁교육비(307-12)
공기관등에대한경상적대행사업비(308-10)

본 도서는 전국 17개 광역자치단체를 포함한 243개 지방자치단체의 2021년 민관 협업사무 운영 현황으로서 국내에서 유일하게 전국 민관 협업사무 운영 현황을 파악할 수 있는 자료이다. 해당 시리즈는 총 3권으로 제작되었다.

배성기 지음
한국민간위탁경영구소
2022년 3월 출간

KCOMI 통계
2022 전국 지방자치단체 민·관 협업사무 운영 현황 Ⅲ
민간경상사업보조(307-02)
민간단체법정운영비보조(307-03)
민간행사사업보조(307-04)

본 도서는 전국 17개 광역자치단체를 포함한 243개 지방자치단체의 2021년 민관 협업사무 운영 현황으로서 국내에서 유일하게 전국 민관 협업사무 운영 현황을 파악할 수 있는 자료이다. 해당 시리즈는 총 3권으로 제작되었다.

배성기 지음
한국민간위탁경영구소
2022년 3월 출간

KCOMI 통계 - Ebook
2022 전국 지방자치단체 민간위탁 운영현황
민간위탁금(307-05)
사회복지시설법정운영비보조(307-10)
민간인위탁교육비(307-12)
공기관등에대한경상적대행사업비(308-10)

본 도서는 전국 17개 광역자치단체를 포함한 243개 지방자치단체의 민간위탁금(307-06) 예산 운영 현황으로서, 예산 및 해당사무별 업체선정방법, 개별조례 유무, 원가산정기준, 서비스(성과)평가 유무 등을 파악할 수 있는 자료이다.

배성기 지음
한국민간위탁경영구소
2022년 5월 출간

KCOMI 통계
2022 공공기관 민간위탁 운영현황

본 도서는 전국 340개 공공기관을 대상으로 2021년 전체사무 민간이전 운영현황을 파악할 수 있는 자료이다.

배성기 지음
한국민간위탁경영구소
2022년 5월 출간

KCOMI 통계
2022 중앙행정기관 행정사무 민간이전 운영현황

본 도서는 전국 342개 중앙행정기관을 대상으로 2018년 민간이전 사업 현황을 분석한 자료로서 국내에서 유일하게 민간위탁 현황을 분석하여, 전국 민간위탁 사무의 관리 현황을 제시하고 있다.

배성기 지음
한국민간위탁경영구소
2022년 5월 출간

KCOMI 통계
2021 전국 지방자치단체 민·관 협업사무 운영 현황 I
민간경상사업보조(307-02)
민간단체법정운영비보조(307-03)
민간행사사업보조(307-04)

본 도서는 전국 17개 광역자치단체를 포함한 243개 지방자치단체의 2021년 민관 협업사무 운영 현황으로서 국내에서 유일하게 전국 민관 협업사무 운영 현황을 파악할 수 있는 자료이다. 해당 시리즈는 총 3권으로 제작되었다.

배성기 지음
한국민간위탁경영구소
2021 3월 출간

KCOMI 통계
2021 전국 지방자치단체 민·관 협업사무 운영 현황 II
민간위탁금(307-05)
사회복지시설법정운영비보조(307-10)
민간인위탁교육비(307-12)
공기관등에대한경상적대행사업비(308-10)

본 도서는 전국 17개 광역자치단체를 포함한 243개 지방자치단체의 2021년 민관 협업사무 운영 현황으로서 국내에서 유일하게 전국 민관 협업사무 운영 현황을 파악할 수 있는 자료이다. 해당 시리즈는 총 3권으로 제작되었다.

배성기 지음
한국민간위탁경영구소
2021년 3월 출간

KCOMI 통계
2021 전국 지방자치단체 민·관 협업사무 운영 현황 I
민간경상사업보조(307-02)
민간단체법정운영비보조(307-03)
민간행사사업보조(307-04)

본 도서는 전국 17개 광역자치단체를 포함한 243개 지방자치단체의 2021년 민관 협업사무 운영 현황으로서 국내에서 유일하게 전국 민관 협업사무 운영 현황을 파악할 수 있는 자료이다. 해당 시리즈는 총 3권으로 제작되었다.

배성기 지음
한국민간위탁경영구소
2021 3월 출간

KCOMI 통계 - Ebook
2021 전국 지방자치단체 민간위탁 운영현황
민간위탁금(307-05)
사회복지시설법정운영비보조(307-10)
민간인위탁교육비(307-12)
공기관등에대한경상적대행사업비(308-10)

본 도서는 전국 17개 광역자치단체를 포함한 243개 지방자치단체의 민간위탁금(307-06) 예산 운영 현황으로서, 예산 및 해당사무별 업체선정방법, 개별조례 유무, 원가산정기준, 서비스(성과)평가 유무 등을 파악할 수 있는 자료이다.

배성기 지음
한국민간위탁경영구소
2021년 7월 출간

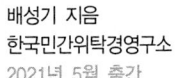

KCOMI 통계
2021 공공기관 민간위탁 운영현황

본 도서는 전국 340개 공공기관을 대상으로 2021년 전체사무 민간이전 운영현황을 파악할 수 있는 자료이다.

배성기 지음
한국민간위탁경영구소
2021년 5월 출간

KCOMI 통계
2021 중앙행정기관 행정사무 민간이전 운영현황

본 도서는 전국 342개 중앙행정기관을 대상으로 2018년 민간이전 사업 현황을 분석한 자료로서 국내에서 유일하게 민간위탁 현황을 분석하여, 전국 민간위탁 사무의 관리 현황을 제시하고 있다.

배성기 지음
한국민간위탁경영구소
2021년 5월 출간

KCOMI 통계 - Ebook
2020 전국 지방자치단체 민·관 협업사무 운영 현황 I
민간경상사업보조(307-02)
민간단체법정운영비보조(307-03)
민간행사사업보조(307-04)

본 도서는 전국 17개 광역자치단체를 포함한 243개 지방자치단체의 2020년 민관 협업사무 운영 현황으로서 국내에서 유일하게 전국 민관 협업사무 운영 현황을 파악할 수 있는 자료이다. 해당 시리즈는 총 3권으로 제작되었다.

배성기 지음
한국민간위탁경영구소
2020년 7월 출간

KCOMI 통계 - Ebook
2020 전국 지방자치단체 민·관 협업사무 운영 현황 II
민간위탁금(307-05)
사회복지시설법정운영비보조(307-10)
민간인위탁교육비(307-12)
공기관등에대한경상적대행사업비(308-10)

본 도서는 전국 17개 광역자치단체를 포함한 243개 지방자치단체의 2020년 민관 협업사무 운영 현황으로서 국내에서 유일하게 전국 민관 협업사무 운영 현황을 파악할 수 있는 자료이다. 해당 시리즈는 총 3권으로 제작되었다.

배성기 지음
한국민간위탁경영구소
2020년 7월 출간

KCOMI 통계 - Ebook
2020 전국 지방자치단체 민·관 협업사무 운영 현황 III
민간자본사업보조,자체재원(402-01)
민간자본사업보조,이전재원(402-02)
민간위탁사업비(402-03)
공기관등에대한자본적위탁사업비(403-02)

본 도서는 전국 17개 광역자치단체를 포함한 243개 지방자치단체의 2020년 민관 협업사무 운영 현황으로서 국내에서 유일하게 전국 민관 협업사무 운영 현황을 파악할 수 있는 자료이다. 해당 시리즈는 총 3권으로 제작되었다.

배성기 지음
한국민간위탁경영구소
2020년 7월 출간

KCOMI 통계
2020 전국 지방자치단체 민·관 협업사무 운영 현황 통합본

본 도서는 전국 17개 광역자치단체를 포함한 243개 지방자치단체의 각 분야별 2018년 민관 협업사무 운영 현황으로 하수도시설, 하수슬러지건조화시설, 생활폐기물 수집운반, 생활폐기물 소각시설, 재활용 선별시설, 문화예술, 체육, 관광, 공원, 주차장, 청소년수련시설, 장애인복지시설의 운영 현황을 파악할 수 있는 자료이다.

배성기 지음
한국민간위탁경영구소
2020년 7월 출간

KCOMI 통계 - Ebook
2020 전국 지방자치단체 민·관 협업사무 운영 현황
|하수도시설|

본 도서는 전국 17개 광역자치단체를 포함한 243개 지방자치단체의 하수도시설에 대한 2020년 민관 협업사무 운영 현황을 파악할 수 있는 자료이다.

배성기 지음
한국민간위탁경영구소
2020년 5월 출간

KCOMI 통계 - Ebook
2020 전국 지방자치단체 민·관 협업사무 운영 현황
|하수슬러지건조화시설(소각포함)|

본 도서는 전국 17개 광역자치단체를 포함한 243개 지방자치단체의 하수슬러지건조화시설(소각포함)에 대한 2018년 민관 협업사무 운영 현황을 파악할 수 있는 자료이다.

배성기 지음
한국민간위탁경영구소
2020년 5월 출간

KCOMI 통계 - Ebook
2020 전국 지방자치단체 민·관 협업사무 운영 현황
|생활폐기물 수집운반

본 도서는 전국 17개 광역자치단체를 포함한 243개 지방자치단체의 생활폐기물 수집운반에 대한 2020년 민관 협업사무 운영 현황을 파악할 수 있는 자료이다.

배성기 지음
한국민간위탁경영연구소
2020년 5월 출간

KCOMI 통계 - Ebook
2020 전국 지방자치단체 민·관 협업사무 운영 현황
|생활폐기물 소각시설

본 도서는 전국 17개 광역자치단체를 포함한 243개 지방자치단체의 생활폐기물 소각시설에 대한 2020년 민관 협업사무 운영 현황을 파악할 수 있는 자료이다.

배성기 지음
한국민간위탁경영연구소
2020년 5월 출간

KCOMI 통계 - Ebook
2020 전국 지방자치단체 민·관 협업사무 운영 현황
|재활용 선별시설

본 도서는 전국 17개 광역자치단체를 포함한 243개 지방자치단체의 재활용 선별시설에 대한 2020년 민관 협업사무 운영 현황을 파악할 수 있는 자료이다.

배성기 지음
한국민간위탁경영연구소
2020년 5월 출간

KCOMI 통계 - Ebook
2020 전국 지방자치단체 민·관 협업사무 운영 현황
|문화예술부문

본 도서는 전국 17개 광역자치단체를 포함한 243개 지방자치단체의 문화예술부문에 대한 2020년 민관 협업사무 운영 현황을 파악할 수 있는 자료이다.

배성기 지음
한국민간위탁경영연구소
2020년 5월 출간

KCOMI 통계 - Ebook
2020 전국 지방자치단체 민·관 협업사무 운영 현황
|관광부문

본 도서는 전국 17개 광역자치단체를 포함한 243개 지방자치단체의 관광부문에 대한 2020년 민관 협업사무 운영 현황을 파악할 수 있는 자료이다.

배성기 지음
한국민간위탁경영연구소
2020년 5월 출간

KCOMI 통계 - Ebook
2020 전국 지방자치단체 민·관 협업사무 운영 현황
|체육부문

본 도서는 전국 17개 광역자치단체를 포함한 243개 지방자치단체의 체육부문에 대한 2020년 민관 협업사무 운영 현황을 파악할 수 있는 자료이다.

배성기 지음
한국민간위탁경영연구소
2020년 5월 출간

KCOMI 통계 - Ebook
2020 전국 지방자치단체 민·관 협업사무 운영 현황
|공원부문

본 도서는 전국 17개 광역자치단체를 포함한 243개 지방자치단체의 공원부문에 대한 2020년 민관 협업사무 운영 현황을 파악할 수 있는 자료이다.

배성기 지음
한국민간위탁경영연구소
2020년 5월 출간

KCOMI 통계 - Ebook
2020 전국 지방자치단체 민·관 협업사무 운영 현황
|주차장시설

본 도서는 전국 17개 광역자치단체를 포함한 243개 지방자치단체의 체육부문에 대한 2020년 민관 협업사무 운영 현황을 파악할 수 있는 자료이다.

배성기 지음
한국민간위탁경영연구소
2020년 5월 출간

KCOMI 통계 - Ebook
2020 전국 지방자치단체 민·관 협업사무 운영 현황
|청소년수련시설

본 도서는 전국 17개 광역자치단체를 포함한 243개 지방자치단체의 청소년수련시설에 대한 2020년 민관 협업사무 운영 현황을 파악할 수 있는 자료이다.

배성기 지음
한국민간위탁경영연구소
2020년 5월 출간

KCOMI 통계 - Ebook
2020 전국 지방자치단체 민·관 협업사무 운영 현황
|장애인복지시설

본 도서는 전국 17개 광역자치단체를 포함한 243개 지방자치단체의 장애인복지시설에 대한 2020년 민관 협업사무 운영 현황을 파악할 수 있는 자료이다.

배성기 지음
한국민간위탁경영연구소
2020년 5월 출간

KCOMI 통계
2019 전국 지방자치단체
민·관 협업사무 운영 현황 통합본

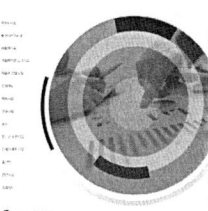

본 도서는 전국 17개 광역자치단체를 포함한 245개 지방자치단체의 각 분야별 2019년 민관 협업사무 운영 현황으로 하수도시설, 하수슬러지건조화시설, 생활폐기물 수집운반, 생활폐기물 소각시설, 재활용 선별시설, 문화예술, 체육, 관광, 공원, 주차장, 청소년수련시설, 장애인복지시설의 운영 현황을 파악할 수 있는 자료이다.

배성기 지음
한국민간위탁경영구소
2019년 출간

KCOMI 통계
2019 전국 지방자치단체
민·관 협업사무 운영 현황 I

민간경상사업보조(307-02)
민간단체법정운영비보조(307-03)
민간행사사업보조(307-04)

본 도서는 전국 17개 광역자치단체를 포함한 245개 지방자치단체의 2019년 민관 협업사무 운영 현황으로서 국내에서 유일하게 전국 민관 협업사무 운영 현황을 파악할 수 있는 자료이다. 해당 시리즈는 총 3권으로 제작되었다.

배성기 지음
한국민간위탁경영구소
2019년 출간

KCOMI 통계
2019 전국 지방자치단체
민·관 협업사무 운영 현황 II

민간위탁금(307-05),
사회복지시설법정운영비보조(307-10)
사회복지사업보조(307-11)

본 도서는 전국 17개 광역자치단체를 포함한 245개 지방자치단체의 2019년 민관 협업사무 운영 현황으로서 국내에서 유일하게 전국 민관 협업사무 운영 현황을 파악할 수 있는 자료이다. 해당 시리즈는 총 3권으로 제작되었다.

배성기 지음
한국민간위탁경영구소
2019년 출간

KCOMI 통계
2019 전국 지방자치단체
민·관 협업사무 운영 현황 III

민간인위탁교육비(307-12),
공기관등에대한경상적대행사업비(308-10)
공사공단경상전출금(309-01)
민간자본사업보조,자체재원(402-01)
민간자본사업보조,이전재원(402-02)
민간위탁사업비(402-03)
공기관등에대한자본적위탁사업비(403-02)
공사공단자본전출금(404-01)

본 도서는 전국 17개 광역자치단체를 포함한 245개 지방자치단체의 2019년 민관 협업사무 운영 현황으로서 국내에서 유일하게 전국 민관 협업사무 운영 현황을 파악할 수 있는 자료이다. 해당 시리즈는 총 3권으로 제작되었다.

배성기 지음
한국민간위탁경영구소
2019년 출간

KCOMI 통계 - Ebook
2019 전국 지방자치단체
민·관 협업사무 운영 현황
|하수도시설|

본 도서는 전국 17개 광역자치단체를 포함한 245개 지방자치단체의 하수도시설에 대한 2019년 민관 협업사무 운영 현황을 파악할 수 있는 자료이다.

배성기 지음
한국민간위탁경영구소
2019년 출간

KCOMI 통계 - Ebook
2019 전국 지방자치단체
민·관 협업사무 운영 현황
|슬러지처리시설|

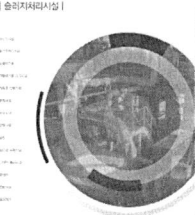

본 도서는 전국 17개 광역자치단체를 포함한 245개 지방자치단체의 하수슬러지건조화시설(소각포함)에 대한 2019년 민관 협업사무 운영 현황을 파악할 수 있는 자료이다.

배성기 지음
한국민간위탁경영구소
2019년 출간

KCOMI 통계 - Ebook
2019 전국 지방자치단체
민·관 협업사무 운영 현황
|생활폐기물 수집운반|

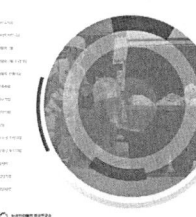

본 도서는 전국 17개 광역자치단체를 포함한 245개 지방자치단체의 생활폐기물 수집운반에 대한 2019년 민관 협업사무 운영 현황을 파악할 수 있는 자료이다.

배성기 지음
한국민간위탁경영구소
2019년 출간

KCOMI 통계 - Ebook
2019 전국 지방자치단체
민·관 협업사무 운영 현황
|생활폐기물 소각시설|

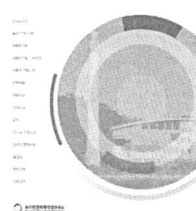

본 도서는 전국 17개 광역자치단체를 포함한 245개 지방자치단체의 생활폐기물 소각시설에 대한 2019년 민관 협업사무 운영 현황을 파악할 수 있는 자료이다.

배성기 지음
한국민간위탁경영구소
2019년 출간

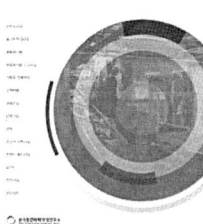

KCOMI 통계 - Ebook
2019 전국 지방자치단체 민·관 협업사무 운영 현황
|재활용 선별시설|

본 도서는 전국 17개 광역자치단체를 포함한 245개 지방자치단체의 재활용 선별시설에 대한 2019년 민관 협업사무 운영 현황을 파악할 수 있는 자료이다.

배성기 지음
한국민간위탁경영연구소
2019년 출간

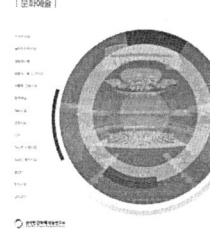

KCOMI 통계 - Ebook
2019 전국 지방자치단체 민·관 협업사무 운영 현황
|문화예술부문|

본 도서는 전국 17개 광역자치단체를 포함한 245개 지방자치단체의 문화예술부문에 대한 2019년 민관 협업사무 운영 현황을 파악할 수 있는 자료이다.

배성기 지음
한국민간위탁경영연구소
2019년 출간

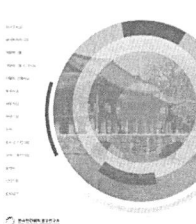

KCOMI 통계 - Ebook
2019 전국 지방자치단체 민·관 협업사무 운영 현황
|관광부문|

본 도서는 전국 17개 광역자치단체를 포함한 245개 지방자치단체의 관광부문에 대한 2019년 민관 협업사무 운영 현황을 파악할 수 있는 자료이다.

배성기 지음
한국민간위탁경영연구소
2019년 출간

KCOMI 통계 - Ebook
2019 전국 지방자치단체 민·관 협업사무 운영 현황
|체육부문|

본 도서는 전국 17개 광역자치단체를 포함한 245개 지방자치단체의 체육부문에 대한 2019년 민관 협업사무 운영 현황을 파악할 수 있는 자료이다.

배성기 지음
한국민간위탁경영연구소
2019년 출간

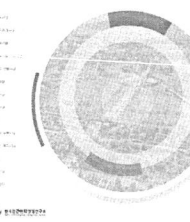

KCOMI 통계 - Ebook
2019 전국 지방자치단체 민·관 협업사무 운영 현황
|공원부문|

본 도서는 전국 17개 광역자치단체를 포함한 245개 지방자치단체의 공원부문에 대한 2019년 민관 협업사무 운영 현황을 파악할 수 있는 자료이다.

배성기 지음
한국민간위탁경영연구소
2019년 출간

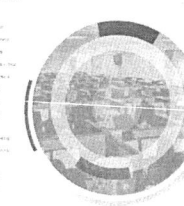

KCOMI 통계 - Ebook
2019 전국 지방자치단체 민·관 협업사무 운영 현황
|콜센터|

본 도서는 전국 17개 광역자치단체를 포함한 245개 지방자치단체의 콜센터 업무에 대한 2019년 민관 협업사무 운영 현황을 파악할 수 있는 자료이다.

배성기 지음
한국민간위탁경영연구소
2019년 출간

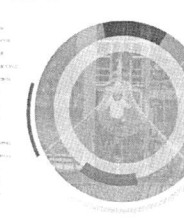

KCOMI 통계 - Ebook
2019 전국 지방자치단체 민·관 협업사무 운영 현황
|청소년수련시설|

본 도서는 전국 17개 광역자치단체를 포함한 245개 지방자치단체의 청소년수련시설에 대한 2019년 민관 협업사무 운영 현황을 파악할 수 있는 자료이다.

배성기 지음
한국민간위탁경영연구소
2019년 출간

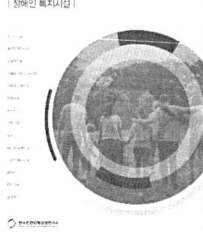

KCOMI 통계 - Ebook
2019 전국 지방자치단체 민·관 협업사무 운영 현황
|장애인복지시설|

본 도서는 전국 17개 광역자치단체를 포함한 245개 지방자치단체의 장애인복지시설에 대한 2019년 민관 협업사무 운영 현황을 파악할 수 있는 자료이다.

배성기 지음
한국민간위탁경영연구소
2019년 출간

KCOMI 통계
2019 정보화사업 운영 현황

본 도서는 전국 지방자치단체, 중앙행정기관, 공공기관의 2019년 정보화사업을 대상으로 사업 현황을 분석한 운영 현황 자료이다.

배성기 지음
한국민간위탁경영연구소
2019년 8월 출간

SVI 통계 - Ebook
2019 공공기관 사회적 가치 구현사업 운영현황 | 통계자료 |

본 도서는 공공기관 사회적 가치 구현사업의 운영 현황에 대한 통계를 파악할 수 있는 자료이다.

배성기 지음
사회적 가치 연구소
2019년 7월 출간

● 민간위탁 운영 관리 매뉴얼

지방자치단체사무의 민간위탁서비스 운영관리매뉴얼 I
민간위탁조례 및 계약관리방안

민간위탁 성패의 키는 계약관리이다.
본 도서는 민간위탁 서비스를 공급함에 있어 사회적 문제와 이슈를 관리 할 수 있는 체계적인 조례 제정 및 계약관리방법론을 제시하고 있다.

배성기 지음
한국민간위탁경영구소 / 450페이지 / 40,000원
2012년 8월 출간

지방자치단체사무의 민간위탁서비스 운영관리매뉴얼 II
민간위탁 운영관리비용 산정

효율적인 서비스 제공을 위한 원가산정방법론 제시 민간위탁서비스의 대시민 만족도를 높이기 위한 시작은 적정한 비용산정과 지급에서 시작된다. 이를 위해 본 도서에서는 세부적인 원가산정 방법과 산정예시를 들어 설명하고 있다.

배성기 지음
한국민간위탁경영구소 / 409페이지 / 40,000원
2012년 8월 출간

지방자치단체사무의 민간위탁서비스 운영관리매뉴얼 III
민간위탁 서비스 평가

평가 없는 성장 없다.
본 도서에서는 민간위탁 서비스의 지속적인 성장 경영을 위한 경영학적 관리지표개발 및 서비스평가방안을 제시하고 있다.

배성기 지음
한국민간위탁경영구소 / 407페이지 / 40,000원
2012년 8월 출간

지방자치단체 민간투자사업 매뉴얼

지방자치단체 공무원들이 민간투자사업 정책 수립을 위한 전반적인 내용을 포괄적으로 다루어, 실무에 직접 적용할 수 있도록 방향을 제시하고 있다.

배성기 지음
한국민간위탁경영구소 / 247페이지 / 25,000원
2015년 9월 출간

● 민간위탁 서비스 경영

공공하수도시설 민간위탁 서비스경영

환경부통계를 기준으로 전국 공공하수처리시설 중 민간위탁으로 운영되는 시설은 318개소, 운영비는 5,000억 원, 운영인원은 3,642명이다. 민간위탁서비스의 질을 높이기 위해서는 시설관리만이 아닌 경영학적 기법이 도입된 체계적인 관리가 필요하다. 이를 위해서 본 도서에서는 공공하수도시설 민간위탁 서비스 경영을 위한 다양한 방안을 제시하고 있다.

배성기 · 안영진 · 박철휘 · 박종운 지음
한국민간위탁경영연구소 / 530페이지 / 40,000원
2012년 4월 출간

공공체육시설 민간위탁 서비스경영

전국 공공체육시설수는 15,137개소로 지속적으로 증가하고 있으며, 국민이 영위하고자 하는 공공체육서비스의 수준도 날로 증가 하고 있다. 이에 민간위탁으로 운영중인 공공체육시설의 서비스 수준의 향상을 위하여 본 도서에서는 공공체육시설 민간위탁 서비스 경영을 위한 다양한 방안을 제시하고 있다.

배성기 · 김영철 지음
한국민간위탁경영연구소 / 500페이지 / 40,000원
출간예정

관광시설 민간위탁 서비스경영

관광시설은 관광을 위한 편익을 제공하는 시설로서 숙박, 교통, 휴식시설 등을 통해 지역경제 활성화에 도움을 주고 있다. 이중 민간위탁으로 운영중인 관광시설을 대상으로 본 도서에서는 관광시설 민간위탁 서비스 경영을 위한 다양한 방안을 제시하고 있다.

배성기 · 김상원 · 김혜진 지음
한국민간위탁경영연구소 / 500페이지 / 40,000원
2015년 9월 출간

생활폐기물 수집·민간위탁 서비스경영

우리나라 일일 발생 생활폐기물량은 5만톤 수준으로 지자체에서는 소각, 매립, 재활용 등의 처리를 민간위탁을 통해 수행하고 있다. 본 도서는 민간위탁을 통해 생활폐기물을 처리하고 있는 지자체를 대상으로 효율적·효과적 관리기법을 제시하고 있다.

배성기 지음
한국민간위탁경영연구소 / 500페이지 / 40,000원
2012년 4월 출간

● 정부원가계산

**공기업·준 정부기관·기타 공공기관
정부원가계산의 이론과 실제**

공공감사법 적용대상기관인 중앙 41개 기관, 공공 272개 기관의 정부예산 지출시 합리적인 예산지출 및 효과성을 높이기 위해 본 도서는 정부원가계산의 올바른 방법을 이론과 사례를 기준으로 제시하고자 하였다.

배성기 지음
한국민간위탁경영연구소/400페이지/35,000원
2012년 8월 출간

● 사회적 기업 및 비영리 법인

**사회적기업 및 비영리법인의
공공부문 계약 입찰**

국가 공공서비스가 좀 더 선진 화 되기 위해서는 많은 사회적기업 및 비영리법인이 공공서비스 분야의 입찰 참가를 해야 한다. 정부와 동격의 파트너십을 통해 국민 모두를 파트너십의 수혜자로 만들기 위해 친절하고 자세하게 계약 참여 안내를 하고 있다.

배성기 옮김
한국민간위탁경영연구소 · scotland.gov.uk
/250페이지/30,000원
2012년 8월 출간

● 기타 민간위탁 분야 도서

**KCOMI통계 2013
전국 민간위탁 운영현황 분석**

본 도서는 민간위탁 본연의 목적과 기능을 유지하기 위해 발주처에서는 선택의 폭을 넓히고, 위탁기업들은 건전한 경쟁관계를 유도하기 위하여 전국 246개 지자체별 민간위탁 사무현황, 위탁예산현황, 위탁기업의 현황, 위탁기간 현황, 위탁자 선정방법 등을 조사·분석하였다.

배성기 지음
한국민간위탁경영연구소 / 513페이지 / 20,000원
2013년 8월 출간

민간위탁 절차·평가 개선 교육교재

민간위탁제도가 도입된 지 13년이 지났지만 민간위탁에 대한 제도적 정비 및 운영상의 문제에 대한 지적은 끊이지 않는다. 본 도서는 민간위탁 사무를 추진함에 있어 꼭 필요한 조례, 계약, 비용, 평가 등의 내용을 중심으로 지방자치단체 공무원들의 정책결정을 돕고자 작성되었다.

배성기 지음
한국민간위탁경영연구소
민간위탁교육 참가자 배부용

**공공하수처리시설 민간위탁
서비스평가**

평가없는 성장 없다.
본 도서는 현행 공공하수처리시설 민간위탁 평가에 대한 법적 근거 및 제도에 대한 고찰을 통하여 보다 합리적인 민간위탁 서비스 평가 방안을 제시하고 있다.

배성기·안영진·박철휘·박종운 지음
한국민간위탁경영연구소 / 316페이지 / 25,000원
2011년 12월 출간

큰 사회(BIG Society)

영국 캐머런 총리의 큰 사회는 공공서비스 향상을 추구하며, 개념적으로는 국가를 반대하지 않으며 다양한 증거를 바탕으로 영국 사회를 지원하고 사회적 욕구를 충족시키는 현재 국가의 능력에 대해 깊이 있게 고민한다. 이는 우리나라에도 시사하는 바가 크므로 소개하고자 하였다.

배성기·이화진·김태현·남효응 옮김
나남출판사·UBP / 165페이지 / 15,000원
출간 예정

공공관리 번역 도서

분쟁 후 취약한 상황에서의 정부기능 및 정부서비스 민간위탁

본 역서는 원조의 비효율적 비효과적 집행을 방지하고, 수원국의 역량개발에 도움을 줄 수 있는 방안을 도모하여 현장실무자들과 정부의 정책입안자들과 협력하기 위한 안내서의 역할을 해 줄 것이다. 또한 선진국의 민간위탁제도 운영방법론은 국내에서 좋은 시사점을 제공하고 있다.

배성기 옮김
한국민간위탁경영연구소 · OECD / 165페이지 / 25,000원
2011년 11월 출간

지방정부 서비스계약 (Local Government Contract)

공공을 위한 최선의 거래를 추구하는데 있어서 책임성과 유연성, 공익성과 경제성 등을 최적으로 조합하는 것은 현대 서비스 계약업무의 핵심이다. 본 역서는 그 조합방식을 유용하게 제안하고 있다.

배성기 옮김
한국민간위탁경영연구소 · ICMA / 200페이지 / 30,000원
출간 예정

정부계약자들을 위한 가격책정 및 원가계산 (Pricing and Cost Accounting)

정부와 계약기간 중 요구사항을 준수하고, 이윤을 유지하기 위한 협상방법을 수록하고 있다. 입찰에 대한 변경 요구 사항은 가격책정 원가계산 하도급 계약변경을 수반하며 이에 대한 정보를 제공하고 있다.

배성기 옮김
한국민간위탁경영연구소 · MC / 220페이지 / 25,000원
출간예정

서비스 수준관리 (Service Level Management)

서비스 수준관리(SLM)는 서비스 업무범위를 정의하여 서비스제공에 따른 업무목표, 해당부서 및 책임부서를 기술하고 고객과 서비스 공급업체의 업무분담을 명확히 하여 서비스 공급업체와 고객 양측 모두의 기대와 목적을 충족시키기 위한 내용을 기술하고 있다.

배성기 옮김
한국민간위탁경영연구소 · TAS / 240페이지 / 25,000원
출간 예정

공공관리와 성과 (Public Management and Performance)

공공서비스 성과가 뜻하는 바가 무엇이고, 이와 관련한 연구의 주요 성과는 무엇인가? 왜 관리가 중요한가? 연구자, 정책결정자, 실무자들에게 주는 함의는 무엇이며, 향후 과제는 무엇인가? 에 대해 저자들은 이야기 하고 있다.

배성기 · 김윤경 · 김영철 옮김
한국민간위탁경영연구소 · 캠브리시대학출판사 / 200페이지 / 35,000원
2012년 8월 출간

사회기반시설 자산관리 (Infrastructure Asset Management)

자산관리의 목표, 서비스 제공능력과 자산상태의 구체적 목표를 검토하고, 자산관리 활동을 최적화·체계화하기 위해 현재의 서비스 제공능력과 자산상태(condition)를 비교한다. 또 최적의 의사결정을 위해 필요한 재정적 고려사항에 대해서도 요약하고 있다.

유인균 · 박미연 · 배성기 옮김
한국민간위탁경영연구소 · CIRIA / 200페이지 / 35,000원
2012년 8월 출간

지방지치단체 사회적가치구현을 위한 공공조달프레임워크

영국의 중앙 및 지방정부기관들은 최저가 대신 사회적 가치를 고려해 최고가치(Best Value)를 지닌 쪽을 선택하도록 규정과 지침을 만들어 공공조달에 적용하고 있다.

이에, 영국의 사회적 가치 구현을 위한 조달규정 및 지침관련 사례를 발굴하여 국내에 홍보·전파하고자 출간하게 되었다.
배성기
브릿지협동조합 / 170페이지 / 25,000원
2016년 4월 출간

지방자치단체 공공서비스 혁신
협동조합도시 런던시 램버스구

영국 런던시 램버스구, 협동조합방식의 지방자치단체 경영과 공공서비스 혁신을 가능하게 하는 영국의 법·제도적 환경, 지자체조례, 지자체 경영원칙, 사회적·경제적·환경적 가치구현을 위한 목표달성전략 및 프로세스등을 자세히 소개하고 있다.

배성기 지음
브릿지협동조합 / 184페이지 / 25,000원
2016년 5월 출간

영국 중앙정부 및 지방정부 사회적 가치 구현 사례집

본 지침은 Highways England와 하도급업체가 2012년 공공서비스(사회적가치)법에 의한 서비스 공급과 관련된 사회적가치를 확인하고 구현하기 위한 접근방법을 설명한다.

배성기 옮김
사회적 가치 연구소 / 290페이지 / 21,000원
2018년 6월 출간

사회적기업 및 비영리법인의 공공부문 계약 입찰

지방계약분야는 사회·경제적 상황에 따라 빠르게 변화하는 분야이며, 많은 관련 법령과 하위규정들이 있어 실무자들이 업무를 숙지하는 데 상대적으로 어려움을 겪는 분야이기도 합니다. 2018년도 매뉴얼은 계약시 고려해야 할 사회적 가치와 더불어 실무에서 주로 활용되는 유권해석, 판례 등을 중점적으로 수록하였습니다.

서울특별시 엮음
브릿지협동조합 / 350페이지 / 24,000원
2018년 6월 출간

한국민간위탁연구소는 공공서비스 관리 혁신을 통해
더 나은 정부, 더 나은 사회, 더 많은 사업기회를 만들어 갑니다.

T. 02-943-1941 F. 02-943-1948 E. kcomi@kcomi.re.kr H. www.kcomi.re.kr

큰날개

큰날개는 급변하는 국내의 사회 환경 가운데에서 다양한 의견을 수렴하여 인간이 추구하는
더 높은 이상향을 향해 나아가고자 하는 바람을 추구하는 출판전문기업입니다.
특히 사회적으로 가치 있는 콘텐츠를 가진 사람이라면 누구나 책을 출간 할 수 있고,
원하는 독자층에 도달 할 수 있도록 도와주는 퍼블리싱 파트너(Publishing Partner)가 되고자 합니다.

T. 02-943-1947   F. 02-943-1948   H. bigwing.modoo.at